CERCAS E JANELAS

NAOMI KLEIN

CERCAS E JANELAS

NA LINHA DE FRENTE DO DEBATE SOBRE GLOBALIZAÇÃO

Tradução de
Ryta Vinagre

EDITORA RECORD
RIO DE JANEIRO • SÃO PAULO

2003

CIP-Brasil. Catalogação-na-fonte
Sindicato Nacional dos Editores de Livros, RJ

K72c Klein, Naomi
Cercas e janelas : na linha de frente do debate sobre globalização / Naomi Klein ; tradução de Ryta Vinagre. – Rio de Janeiro: Record, 2003.

Tradução de: Fences and windows
ISBN 85-01-06530-7

1. Globalização. 2. Política internacional - Século XXI. 3. Movimentos de protestos. I. Título.

CDD 337
03-0328 CDU 339

Título original em inglês:
FENCES AND WINDOWS

Direitos exclusivos de publicação em língua portuguesa para o Brasil adquiridos pela
DISTRIBUIDORA RECORD DE SERVIÇOS DE IMPRENSA S.A.
Rua Argentina 171 – 20921-380 – Rio de Janeiro, RJ – Tel. 2585-2000
que se reserva a propriedade literária desta tradução.

Impresso no Brasil

ISBN 85-01-06530-7

PEDIDOS PELO REEMBOLSO POSTAL
Caixa Postal 23.052
Rio de Janeiro, RJ – 20922-970

SUMÁRIO

O mercado engole o bem comum

III / Cercas no movimento: criminalizando a dissidência

IV / Tirando proveito do terror

V / Janelas para a democracia

Prefácio

Cercas que restringem, janelas de possibilidade

Isto não é uma continuação de *Sem logo*, o livro sobre a ascensão da militância anticorporação que escrevi entre 1995 e 1999. *Sem logo* era um projeto de pesquisa que resultou em uma tese; *Cercas e janelas* é um registro de relatos enviados das linhas de frente de uma batalha deflagrada na época em que *Sem logo* estava sendo publicado. O livro estava no prelo quando os movimentos que narrei, em grande parte clandestinos, chegaram à consciência do mundo industrializado, principalmente como resultado dos protestos em Seattle contra a Organização Mundial do Comércio em 1999. De uma hora para outra, vi-me em meio a um debate internacional sobre a questão mais premente de nossa época: que valores governarão a era global?

O que começou como uma turnê literária de duas semanas se transformou em uma aventura que durou dois anos e meio e envolveu 22 países. Levou-me a ruas cheias de gás lacrimogêneo em Quebec e Praga, a reuniões de bairro em Buenos Aires, a acampamentos com a militância antinuclear no deserto do sul da Austrália e a debates formais com chefes de Estado europeus. Os quatro anos de isolamento investigativo que me levaram a escrever *Sem logo* pouco haviam me preparado para isso. Apesar dos relatos da mídia referindo-se a mim como uma das "líderes" ou "porta-vozes" dos protestos globais, a verdade é que nunca me envolvi em política e não gosto muito de multidões. Na primeira vez em que fiz um discurso sobre globalização, fiquei olhando para as minhas anotações, comecei a ler e só olhei para cima novamente uma hora e meia depois.

Mas não havia tempo para ter vergonha. Dezenas e depois centenas de milhares de pessoas estavam se unindo a novas manifestações a cada mês, muitas delas pessoas que, como eu, não haviam acreditado realmente na possibilidade de uma mudança política até agora. Parecia que de repente ficara impossível ignorar as falhas do modelo econômico reinante — e isso foi antes da Enron. Para atender às exigências de investidores multinacionais, governos do mundo todo deixavam de atender às necessidades das pessoas que os elegeram. Algumas dessas necessidades não atendidas eram básicas e urgentes — remédios, habitação, terra, água; outras eram menos tangíveis — espaços culturais não-comerciais para comunicar, reunir e compartilhar, seja na Internet, em ondas de rádio públicas ou nas ruas. Na base de tudo isso estava a traição à necessidade fundamental das democracias sensíveis e participativas, que não se venderam à Enron ou ao Fundo Monetário Internacional.

A crise não respeitou as fronteiras nacionais. Uma economia global explosiva concentrada na busca de lucros de curto prazo mostrava-se incapaz de responder a uma crise humana e ecológica cada vez mais urgente; incapaz, por exemplo, de passar dos combustíveis fósseis para fontes de energia sustentáveis; incapaz, apesar de todos os compromissos e tratados, de empregar os recursos necessários para reverter a disseminação do HIV na África; relutante em assumir compromissos internacionais para reduzir a fome ou mesmo em resolver os problemas de segurança na alimentação básica na Europa. É difícil dizer por que o movimento de protesto explodiu, uma vez que a maior parte desses problemas sociais e ambientais é crônica há décadas, mas parte do mérito certamente deve ser da própria globalização. Quando as escolas estavam sem dinheiro ou a água era contaminada, colocávamos a culpa na inépcia da gestão financeira ou na cabal corrupção de governos nacionais. Agora, graças a uma maior troca de informações interfronteiras, reconhece-se que tais problemas são os efeitos locais de uma ideologia global específica, imposta por políticos nacionais mas concebida centralmente por alguns interesses corporativos e instituições internacionais, incluindo a Organização Mundial do Comércio, o Fundo Monetário Internacional e o Banco Mundial.

A ironia do rótulo "antiglobalização" criado pela mídia é que nós, nesse movimento, estamos transformando a globalização em uma realidade, com mais sucesso talvez do que o mais multinacional dos executivos corporativos ou o mais incansável dos viajantes. Em encontros como o Fórum Social Mundial em Porto Alegre, em "contra-reuniões de cúpula" durante os encontros do Banco Mundial e em redes de comunicação como a www.tao.ca e a www.indymedia.org, a globalização não se restringe a uma série estreita de transações comerciais e turísticas. Ela é, em vez disso, um processo intrincado de milhares de pessoas entrelaçando seu destino apenas para compartilhar idéias e contar histórias sobre como as teorias econômicas abstratas afetam sua vida. Esse movimento não tem líderes no sentido tradicional – apenas pessoas que querem aprender e transmitir aos outros o que aprenderam.

Como todos que se viram nesta rede global, cheguei a ela munida de uma compreensão apenas limitada da economia neoliberal, principalmente de como se relacionava com os jovens que cresceram com os excessos do mercado e com o desemprego na América do Norte e na Europa. Mas, como muitos outros, fui globalizada por esse movimento: fiz um curso intensivo sobre o que a obsessão do mercado representa para agricultores sem terra no Brasil, para professores na Argentina, empregados de lanchonetes na Itália, plantadores de café no México, moradores de choças na África do Sul, operadores de telemarketing na França, imigrantes que trabalham na colheita do tomate na Flórida, sindicalistas nas Filipinas, e para crianças sem teto em Toronto, a cidade onde eu moro.

Esta coletânea é um registro de minha íngreme curva de aprendizado, uma pequena parte de um grande processo de compartilhamento de informação popular que deu a muitas pessoas – que não se formaram em economia, direito de comércio internacional nem são especialistas em patentes – a coragem de participar do debate sobre o futuro da economia global. Tais artigos, ensaios e discursos, escritos para *The Globe and Mail, The Guardian, The Los Angeles Times* e muitas outras publicações, foram escritos apressadamente em quartos de hotel tarde da noite depois dos protestos em Washington e na Cidade do México, em Centros de Mídia Independentes, em muitos aviões em pleno vôo. (Estou em meu segundo laptop, depois de o homem no apertado assento da classe econômica da Air Canada em frente ao meu ter reclinado a poltrona, e eu ter ouvido um terrível som de alguma coisa se quebrando.) Esse material contém os argumentos e fatos mais condenatórios que tive em mãos para usar em debates com economistas neoliberais, bem como as experiências mais comoventes que tive nas ruas com companheiros militantes. Às vezes representa tentativas apressadas de assimilar a informação que chegava em minha caixa de entrada algumas horas antes, ou se opõe a uma nova campanha mal-informada de ataque à natureza e aos objetivos dos protestos. Alguns dos artigos, especialmente os discursos, não foram publicados antes.

Por que reuni-los em um livro? Em parte porque, alguns meses antes do "combate ao terrorismo" de George W. Bush, demo-nos conta de que alguma coisa havia acabado. Alguns políticos (particularmente aqueles que têm suas políticas rigorosamente esmiuçadas por manifestantes) apressaram-se a declarar que o que havia terminado era o próprio movimento: as preocupações que surgiram com o fracasso da globalização eram frívolas, afirmaram eles, e até alimentaram "o inimigo". Na verdade, a escalada da força e da repressão militares no ano passado provocou os maiores protestos já vistos nas ruas de Roma, Londres, Barcelona e Buenos Aires. Também inspirou muitos militantes, que antes manifestavam apenas uma discordância simbólica do lado de fora das reuniões de cúpula, a tomar medidas concretas para reduzir a escala da violência. Tais ações incluíram servir como "escudo humano" durante o embate na Igreja da Natividade em Belém, bem como tentar impedir as deportações ilegais de refugiados nos centros de detenção europeus e australianos. Mas quando o movimento entrou nesse novo estágio de desafio percebi que havia testemunhado algo extraordinário: o exato e emocionante momento em que a turba do mundo real se chocou com o clube *privé* de especialistas onde nosso destino é determinado. Assim, este é um registro não de uma conclusão, mas desse importante começo, um período assinalado na América do Norte pela alegre explosão nas ruas de Seattle e alçado a um novo capítulo pela destruição inimaginável de 11 de setembro.

Algo mais me levou a reunir este material. Alguns meses atrás, enquanto vasculhava rapidamente meu clipping de colunas em busca de um dado perdido, percebi alguns temas e imagens recorrentes. O primeiro era a cerca. A imagem surgia repetidamente: barreiras separando as pessoas de recursos que antes eram públicos, excluindo-as das tão necessárias terra e água, restringindo sua capacidade de atravessar as fronteiras, expressar sua discordância política, fazer manifestações nas ruas, até impedir que os políticos sancionem políticas que beneficiem as pessoas que os elegem.

É difícil ver algumas dessas cercas, mas todas elas existem. Uma cerca virtual é erguida em torno das escolas na Zâmbia quando uma "taxa de usuário" de educação é introduzida por sugestão do Banco Mundial, deixando as salas de aula fora do alcance de milhões de pessoas. Uma cerca é erguida em torno da agricultura familiar no Canadá quando as políticas do governo transformam a agricultura de pequena escala em um artigo de luxo, impossível de custear em um cenário de preços de mercadorias em baixa e fazendas industriais. É uma cerca real, embora invisível, que é erguida em torno da água potável em Soweto quando os preços chegam às alturas devido à privatização, e os moradores são obrigados a se valer de fontes contaminadas. E há uma cerca erguida em torno da própria idéia da democracia quando a Argentina ouve que não pode contrair um empréstimo do FMI a menos que reduza ainda mais os gastos sociais, privatize a maior parte dos recursos e elimine o apoio à indústria local, tudo isso em meio a uma crise econômica aprofundada por essas mesmas políticas. Essas cercas, é claro, são tão antigas quanto o colonialismo. "Tais operações usurárias colocam barras em torno das nações livres", escreveu Eduardo Galeano em *As veias abertas da América Latina*. Ele se referia aos termos de um empréstimo britânico à Argentina em 1824.

As cercas sempre foram parte do capitalismo, a única forma de se proteger adequadamente de eventuais bandidos, mas os duplos padrões que as sustentam têm, ultimamente, se tornado cada vez mais ruidosos. A desapropriação de bens corporativos pode ser o maior pecado que qualquer governo socialista comete aos olhos dos mercados financeiros internacionais (pergunte a Hugo Chávez da Venezuela, ou a Fidel Castro de Cuba). Mas a proteção da vantagem garantida a empresas em acordos de livre comércio não se estende aos cidadãos da Argentina que depositaram as economias de toda uma vida em contas no Citibank, no Scotiabank e no HSBC e agora descobrem que a maior parte de seu dinheiro simplesmente desapareceu. Nem a veneração do mercado pela riqueza privada abrange os funcionários americanos da Enron, que descobriram que tinham sido "excluídos" de suas carteiras de aposentadoria privatizadas, incapazes de vender mesmo quando os executivos da Enron estavam lucrando freneticamente com suas próprias ações.

Enquanto isso, algumas cercas muito necessárias estão sob ataque: na corrida pela privatização, as barreiras que antes existiam entre muitos espaços públicos e privados – mantendo a publicidade fora das escolas, por exemplo, o interesse no lucro fora da assistência médica, ou evitando que distribuidores servissem puramente de veículos promocionais para outras empresas de seus proprietários – foram quase todas derrubadas. Cada espaço público protegido veio abaixo, apenas para ser fechado novamente pelo mercado.

Outra barreira de interesse público sob grave ameaça é a que separa as safras geneticamente modificadas de safras que ainda não foram alteradas. As gigantes das sementes foram tão inacreditavelmente incompetentes na tarefa de evitar que suas sementes adulteradas fossem levadas a campos vizinhos e criassem raízes, além de polinizarem por cruzamento, que em muitas partes do mundo sequer há a opção de comer alimentos sem componentes geneticamente modificados — todo o suprimento de alimentos foi contaminado. As cercas que protegem o interesse público parecem estar desaparecendo rapidamente, enquanto aquelas que restringem nossa liberdade continuam se multiplicando.

Quando percebi que a imagem da cerca continuava em discussões, em debates e em meus próprios escritos, pareceu significativo para mim. Afinal, a década passada de integração econômica foi estimulada por promessas de queda de barreiras, de mobilidade crescente e maior liberdade. No entanto, vinte anos depois da festejada queda do Muro de Berlim, estamos cercados por muros novamente, separados — uns dos outros, da terra e de nossa capacidade de pensar que é possível mudar. O processo econômico que começou com o benevolente eufemismo "globalização" agora atinge cada aspecto da vida, transformando cada atividade e recurso natural em uma mercadoria avaliada e possuída. Como assinalou o pesquisador do trabalho morador de Hong Kong, Gérard Greenfield, o estágio atual do capitalismo não é simplesmente do comércio no sentido tradicional de vender mais produtos através das fronteiras. É também o de alimentar a insaciável necessidade do mercado de crescer redefinindo como "produtos" setores inteiros que antes eram considerados "de uso comum", e não para venda. A invasão do público pelo privado alcançou categorias como assistência médica e educação, é claro, mas também idéias, genes, sementes, agora compradas, patenteadas e cercadas, bem como remédios tradicionais aborígines, plantas, água e até células-tronco humanas. Agora que o copyright é o maior produto de exportação dos EUA (mais que os bens manufaturados ou o armamento), a legislação internacional do comércio deve ser compreendida não somente como uma forma de derrubar barreiras seletivas ao comércio, mas mais precisamente como um processo que sistematicamente impõe novas barreiras — em torno do conhecimento, da tecnologia e dos recursos recém-privatizados. São esses Direitos de Propriedade Intelectual Relacionados com o Comércio que evitam que os agricultores replantem as sementes patenteadas da Monsanto, e são eles que tornam ilegal a fabricação de medicamentos genéricos mais baratos para atender às populações necessitadas nos países pobres.

A globalização está em julgamento agora porque do outro lado dessas cercas virtuais estão pessoas reais, excluídas de escolas, hospitais, empregos, suas próprias terras, casas e comunidades. A privatização em massa e a desregulamentação engendraram exércitos de pessoas excluídas, cujos serviços não são mais necessários, cujo estilo de vida foi rotulado de "retrógrado", cujas necessidades básicas continuam a não ser atendidas. Essas cercas de exclusão social podem descartar um setor econômico inteiro, e também podem anular um país inteiro, como aconteceu com a Argentina. No caso da África, essencialmente todo um continente pode se ver exilado para um sombrio mundo global, fora do mapa e dos noticiários, aparecendo somente em tempos de guerra, quando seus cidadãos são vistos com suspeita como potenciais membros de milícias, supostos terroristas ou fanáticos antiamericanos.

Na verdade, muito poucas pessoas excluídas pelas cercas da globalização voltam-se para a violência. A grande maioria simplesmente se muda: do campo para as cidades, de um país para outro. E é aí que elas ficam face a face com as cercas não-virtuais, aquelas feitas de tela e arame farpado, reforçadas com concreto e guardadas por metralhadoras. Onde quer que eu ouça a expressão "livre comércio", é inevitável a lembrança de fábricas enjauladas que visitei nas Filipinas e na Indonésia, todas cercadas por portões, vigias e soldados — para manter os produtos altamente subsidiados longe dos olhos do público e para impedir a entrada de sindicalistas. Lembro-me também de uma recente viagem ao deserto no sul da Austrália, onde visitei o vergonhoso centro de detenção de Woomera. Localizada a quinhentos quilômetros da cidade mais próxima, Woomera é uma antiga base militar que foi convertida em prisão privatizada de refugiados, de propriedade de uma subsidiária da empresa de seguros americana Wackenhut. Em Woomera, centenas de refugiados afegãos e iraquianos, fugindo da opressão e da ditadura de seus países de origem, estão tão desesperados para que o mundo os veja que ficam junto às cercas fazendo greve de fome, pulando dos telhados de suas barracas, bebendo xampu e costurando a boca.

Hoje em dia os jornais estão recheados de relatos horripilantes de pessoas que buscam asilo tentando cruzar fronteiras escondidas entre os produtos que desfrutam de muito mais mobilidade do que eles. Em dezembro de 2001, os corpos de oito refugiados romenos, incluindo duas crianças, foram encontrados em um contêiner cheio de móveis para escritório; foram asfixiados durante a longa viagem por mar. No mesmo ano, os corpos sem vida de outros dois refugiados foram encontrados em Eau Claire, no Wisconsin, em um embarque de acessórios para banheiros. Um ano antes 54 refugiados chineses da província de Fujian morreram sufocados na traseira de um caminhão de entrega em Dover, na Inglaterra.

Todas essas cercas estão relacionadas: as reais, feitas de aço e arame farpado, são necessárias para impor as virtuais, as que tiram os recursos e a riqueza das mãos de tantas pessoas. Simplesmente não é possível deixar de fora a maior parte de nossa riqueza coletiva sem uma estratégia que controle a inquietação e a mobilidade popular. As empresas de segurança fazem seus maiores negócios nas cidades onde o abismo entre ricos e pobres é maior – Johannesburgo, São Paulo, Nova Délhi –, vendendo portões de ferro, carros blindados e elaborados sistemas de alarme, e alugando exércitos de seguranças particulares. Os brasileiros, por exemplo, gastam 4,5 bilhões de dólares por ano em segurança particular, e os quatrocentos mil seguranças armados superam em número os policiais em uma proporção de quase 4 para 1. Na profundamente dividida África do Sul, os gastos anuais com segurança privada chegaram a 1,6 bilhão de dólares, mais de três vezes o que o governo gasta no mesmo período em habitação de baixo custo. Agora parece que esses complexos murados que protegem os que têm dos que não têm são microcosmos do que está rapidamente se tornando um estado de segurança global — não uma aldeia global preocupada com a redução de muros e barreiras, como nos prometeram, mas uma rede de fortalezas ligadas por corredores de comércio altamente militarizados.

É possível que esse quadro pareça exagerado, porque a maioria de nós do Ocidente raramente vê as cercas e a artilharia. As fábricas muradas e os centros de detenção de refugiados permanecem enfiados em lugares remotos, e sua capacidade de representar um desafio direto à sedutora retórica do mundo sem fronteiras é menor. Mas nos últimos anos algumas cercas têm imposto uma nova visão — com freqüência, e adequadamente, durante as reuniões de cúpula em que esse modelo brutal da globalização é desenvolvido. Agora toma-se por certo que, se os líderes mundiais querem se reunir para discutir um novo acordo comercial, eles precisarão construir uma fortaleza moderna para se protegerem da fúria pública, uma fortaleza completa, com tanques blindados, gás lacrimogêneo, canhões de água e cães treinados para atacar. Quando Quebec recebeu a Cúpula das Américas em abril de 2001, o governo canadense deu o passo inédito de construir uma jaula não apenas em torno do centro de conferências, mas do próprio centro da cidade, obrigando os moradores a mostrar documentos oficiais para ir a suas casas e a seus locais de trabalho. Outra estratégia de escolha é fazer as reuniões em lugares inacessíveis: a reunião do G-8 de 2002 aconteceu nas profundezas das Montanhas Rochosas canadenses, e a reunião da OMC de 2001 ocorreu no Qatar, no golfo Pérsico, onde o emir proibiu os protestos políticos. A "guerra contra o terrorismo" tornou-se outra cerca para ocultar as coisas, usada pelos organizadores dos encontros de estadistas para explicar por que as manifestações públicas de discordância não serão possíveis a partir de agora ou, pior, para traçar paralelos ameaçadores entre os manifestantes legítimos e os terroristas inclinados à destruição.

Mas o que é relatado como confrontos ameaçadores são com freqüência eventos alegres, tanto experiências em formas alternativas de organizar sociedades como uma crítica dos modelos existentes. Na primeira vez em que participei de uma dessas contra-reuniões de cúpula, lembro de ter tido a sensação de que algum tipo de portal político estava sendo aberto — um portão, uma janela, "uma ruptura na história", para usar a bela expressão do subcomandante Marcos. Essa abertura pouco tem a ver com a vitrine quebrada no McDonald's local, a imagem que tanto agradou às câmeras de televisão; é algo mais: uma sensação de possibilidade, um sopro de ar fresco, oxigênio correndo pelo cérebro. Esses protestos — que na verdade são maratonas de uma semana de intensa educação em política global, sessões de estratégia que ocorrem tarde da noite com tradução simultânea para seis idiomas, festivais de música e teatro de rua — são como um universo paralelo. Da noite para o dia o lugar se transforma em uma espécie de cidade global alternativa onde a urgência dá lugar à resignação, a arte está em toda parte, os estrangeiros dialogam, e a perspectiva de uma mudança radical na política não parece uma idéia estranha ou anacrônica, mas o pensamento mais lógico do mundo.

Até as medidas de segurança pesadas foram cooptadas pelos militantes como parte de sua mensagem: as cercas em torno das reuniões de cúpula tornaram-se metáforas para um modelo econômico que exila bilhões na pobreza e na exclusão. Os confrontos acontecem junto à cerca, mas não apenas aqueles que envolvem paus e pedras: latas de gás lacrimogêneo têm sido devolvidas com bastões de hóquei, canhões de água têm sido irreverentemente desafiados com pistolas de água e helicópteros barulhentos recebem a zombaria de enxames de aviõezinhos de papel. Durante a Cúpula das Américas em Quebec, um grupo de militantes construiu uma catapulta medieval de madeira, empurrou-a para uma posição a cerca de três metros da cerca que fechava o centro da cidade e lançou ursinhos de pelúcia sobre ela. Em Praga, durante um encontro do Banco Mundial e do Fundo Monetário Internacional, o grupo de ação direta italiano Tute Bianche resolveu não enfrentar a tropa de choque vestida de preto usando máscaras de esqui e bandanas igualmente ameaçadoras; em vez disso, marcharam para a linha policial em trajes de pára-quedismo brancos recheados com pneus de borracha e enchimento de Styrofoam. No embate entre Darth Vader e o Homem da Michelin, a polícia não conseguiu vencer. Enquanto isso, em outra parte da cidade, a encosta íngreme que levava ao centro de conferências foi escalada por um bando de "fadas cor-de-rosa" vestidas com perucas burlescas, trajes de gala prata e rosa e sapatos plataforma. O desejo desses militantes de romper com a ordem econômica atual era muito sério, mas suas táticas refletem uma recusa obstinada em se envolver nas clássicas lutas pelo poder: seu objetivo, que comecei a explorar nos últimos artigos deste livro, não é assumir o poder para si mesmos, mas desafiar a centralização do poder em princípio.

Outros tipos de janelas também estão sendo abertos, conspirações silenciosas para resgatar espaços privatizados e bens para uso público. Talvez sejam estudantes arrancando peças de publicidade de suas salas de aula, ou trocando música on-line, ou criando centros independentes de mídia com software livre. Talvez sejam camponeses tailandeses plantando vegetais orgânicos em campos de golfe irrigados, ou os sem-terra no Brasil cortando as cercas em torno de fazendas improdutivas para transformá-las em cooperativas agrícolas. Talvez sejam trabalhadores bolivianos revertendo a privatização de suas fontes de água, ou moradores sul-africanos de distritos religando a eletricidade em seus bairros sob o slogan Poder ao Povo. E, uma vez resgatados, esses espaços são também refeitos. Em reuniões de bairro, em conselhos municipais, em centros de mídia independentes, em florestas e fazendas de administração comunitária, uma nova cultura de democracia direta e vibrante está surgindo, estimulada e fortalecida pela participação direta, sem o desânimo e o desestímulo da observação passiva.

Apesar de todas as tentativas de privatização, há algumas coisas que se recusam a ser possuídas. Música, água, sementes, eletricidade, idéias – tais coisas continuam irrompendo para fora dos limites erguidos em torno delas. Têm uma resistência natural à prisão, uma tendência a fugir, à troca, a fluir através das cercas, e a escapar pelas janelas abertas.

No momento em que escrevo este prefácio, não está claro o que surgirá desses espaços libertados, ou se o que surgir será sólido o bastante para suportar os ataques da polícia e dos militares, à medida que a linha entre terrorismo e militância é deliberadamente toldada. A questão do que virá a seguir me preocupa, como preocupa a todos os que fizeram parte da construção desse movimento internacional. Mas este livro não é uma tentativa de responder a tal questão. Ele apenas oferece uma visão do início da vida do movimento que explodiu em Seattle e evoluiu através dos acontecimentos de 11 de setembro e suas conseqüências. Decidi não reescrever esses artigos, além de algumas poucas mudanças sutis, em geral indicadas entre colchetes – uma referência explicada, um argumento ampliado. Apresento-os aqui (em ordem mais ou menos cronológica) pelo que eles são: postais de momentos dramáticos, um registro do primeiro capítulo de uma velha história recorrente, sobre pessoas que avançam contra as barreiras que tentam contê-las, abrem janelas, respiram profundamente e saboreiam a liberdade.

I
JANELAS DE DISCORDÂNCIA

[Em que ativistas derrubam as primeiras cercas — nas ruas e em suas mentes]

Seattle

O começo de um movimento

Dezembro de 1999

"Quem são essas pessoas?" Essa é a pergunta feita em todos os Estados Unidos esta semana, em programas de rádio, editoriais de jornais e, acima de tudo, nos corredores do encontro da Organização Mundial do Comércio em Seattle.

Até bem pouco tempo, as negociações de comércio eram educadas, um assunto somente para especialistas. Não havia manifestantes do lado de fora, e muito menos manifestantes vestidos de tartarugas-marinhas gigantes. Mas a reunião da OMC desta semana é tudo, menos educada: foi declarado estado de emergência em Seattle, as ruas parecem uma zona de guerra e as negociações estão entrando em colapso.

Há muitas teorias flutuando em torno da misteriosa identidade dos cinqüenta mil militantes em Seattle. Alguns afirmam que eles são pretensos radicais com nostalgia dos anos 1960. Ou anarquistas com uma tendência exclusivamente à destruição. Ou luditas lutando contra uma maré de globalização que já os engoliu. Michael Moore, diretor da OMC, descreve seus oponentes como nada mais que protecionistas egoístas decididos a prejudicar os pobres do mundo.

É compreensível que haja alguma confusão sobre os objetivos políticos dos manifestantes. Este é o primeiro movimento político nascido dos caminhos caóticos da

Internet. Dentro de suas fileiras não existe uma hierarquia vertical pronta para explicar o plano mestre, nem líderes universalmente reconhecidos fazendo discursos fáceis, e ninguém sabe o que vai acontecer depois.

Mas uma coisa é certa: os manifestantes em Seattle não são antiglobalização; eles certamente foram tão mordidos pelo inseto da globalização quanto os advogados especializados em comércio dentro das reuniões oficiais. Na verdade, se esse novo movimento é "anti" alguma coisa, é anticorporação, opondo-se à lógica de que o que é bom para os negócios – menos regulamentação, mais mobilidade, mais acesso – resultará em boas novas para todo o mundo.

As raízes do movimento estão em campanhas que desafiam essa lógica por focalizarem os desoladores históricos de direitos humanos, trabalho e ecologia de algumas empresas multinacionais. Muitos dos jovens nas ruas de Seattle nesta semana se voltaram contra a exploração de mão-de-obra nas sweatshops da Nike, ou o histórico de direitos humanos da Royal Dutch/Shell no delta do Níger, ou a reengenharia do fornecimento de alimentos da Monsanto. Durante os últimos três anos, cada uma dessas corporações tornou-se símbolo dos fracassos da economia global, em última análise proporcionando aos militantes pontos de partida com nome de marca para entrar no arcano mundo da OMC.

Pelo fato de focalizar as corporações globais e seu impacto no mundo, essa rede de militância está se tornando rapidamente o movimento mais internacional e globalizado jamais visto. Não há mais trabalhadores mexicanos ou chineses sem rosto roubando "nossos" empregos, em parte porque aqueles representantes dos trabalhadores estão agora nas mesmas listas de e-mail e nas mesmas conferências que os militantes ocidentais, e muitos até viajaram a Seattle para se unir às manifestações desta semana. Quando os manifestantes gritam sobre os males da globalização, a maioria não está pedindo a volta a um nacionalismo estreito, mas sim que as fronteiras da globalização sejam expandidas, que o comércio seja ligado aos direitos trabalhistas, à proteção ambiental e à democracia.

É isso que diferencia os jovens manifestantes de Seattle de seus predecessores dos anos 1960. Na era Woodstock, recusar-se a cumprir as regras do Estado e da escola era considerado um ato político por si mesmo. Agora os oponentes da OMC — e muitos que chamam a si mesmos de anarquistas — enfurecem-se com a *falta* de regras aplicadas a corporações, bem como com a flagrante tendenciosidade na aplicação de regras existentes em países ricos e pobres.

Eles vieram a Seattle ao descobrirem que os tribunais da OMC estavam subvertendo leis ambientais e de proteção a espécies ameaçadas porque as leis, aparentemente, representavam barreiras injustas ao comércio. Ou porque tiveram conhecimento de que a decisão francesa de proibir a carne com hormônio foi considerada pela OMC uma interferência inaceitável no livre mercado. O que está em julgamento em Seattle não é o comércio ou a globalização, mas o ataque global ao direito dos cidadãos de estabelecerem regras que protejam as pessoas e o planeta.

Todos, é claro, afirmam ser favoráveis às regras, do presidente Clinton ao presidente da Microsoft, Bill Gates. Em uma estranha virada dos acontecimentos, a necessidade de "comércio baseado em regras" tornou-se o mantra da era da desregulamentação. Mas a OMC tem procurado consistentemente separar o comércio, com muita artificialidade, de tudo e de todos os que são afetados por ele: os trabalhadores, o ambiente, a cultura. É por isso que a sugestão feita ontem pelo presidente Clinton de que a rixa entre manifestantes e delegados pode ser atenuada com pequenos compromissos e consultas é tão despropositada.

Não está havendo uma luta entre globalizadores e protecionistas, mas entre duas visões radicalmente diferentes da globalização. Uma vem mantendo o monopólio nos últimos dez anos. A outra está apenas fazendo sua estréia.

Washington, D.C.

O capitalismo sai do armário

Abril de 2000

ANTES

Meu amigo Mez embarcará em um ônibus para Washington no sábado. Eu lhe pergunto por quê. Ele me diz com grande veemência: "Olha, eu perdi Seattle. Não perco Washington de jeito nenhum."

Já ouvi pessoas falando com esse tipo de anseio irrestrito antes, mas o objeto de sua afeição era em geral um animado festival de música ou uma peça de Nova York como *Os monólogos da vagina.* Nunca tinha ouvido ninguém falar desse jeito de um protesto político. Especialmente não um protesto contra burocracias como o Banco Mundial e o Fundo Monetário Internacional. E certamente não quando eles estão sendo chamados para discutir o tema nada sexy de uma política de empréstimos de décadas de idade intitulada "ajuste estrutural".

E no entanto aí estão eles: universitários e artistas, anarquistas sem salário e operários bóias-frias de siderúrgicas, amontoando-se em ônibus de todos os cantos do continente. Recheando seus bolsos e suas bolsas de viagem estão relatórios sobre a proporção de gastos com a saúde em relação ao repagamento da dívida de Moçambique (duas vezes e meia mais para a dívida) e o número de pessoas em todo o mundo que vivem sem eletricidade (dois bilhões).

Há quatro meses essa mesma coalizão de grupos ambientalistas, trabalhistas e anarquistas paralisou uma reunião da Organização Mundial do Comércio. Em Seattle, um leque impressionante de campanhas — algumas focalizadas em corporações controversas como a Nike ou a Shell, outras sobre ditaduras como a da Birmânia — ampliaram seu foco para uma crítica mais estrutural dos órgãos regulamentadores que agem como árbitros em uma corrida global para o fundo do poço.

Apanhados de guarda baixa pela força e pela organização da oposição, os proponentes do livre comércio acelerado imediatamente partiram para a ofensiva, atacando os manifestantes como inimigos dos pobres. Mais memoravelmente, *The Economist* publicou uma foto de uma criança indiana faminta na capa e afirmou que eram eles os verdadeiros prejudicados pelos protestos. Michael Moore, diretor da OMC, estarreceu a todos: "Aos que afirmariam que devemos parar nosso trabalho, eu respondo: Diga isso aos pobres, aos marginalizados de todo o mundo, que nos procuram em busca de ajuda."

A reforma da OMC, e do próprio capitalismo global, como um programa de eliminação da pobreza tragicamente incompreendido, é o maior e mais desconcertante legado da Batalha de Seattle. Se dermos atenção à linha de pensamento que surgiu em Genebra, o comércio sem barreiras é um plano filantrópico gigante, e as corporações multinacionais estão usando seus elevados retornos de capital e salários de executivos somente para disfarçar suas verdadeiras intenções: curar a doença do mundo, aumentar o salário mínimo e salvar as árvores.

Mas nada corrobora mais a mentira dessa equação enganadora de metas humanitárias com comércio desregulamentado do que a história do Banco Mundial e do FMI, que exacerbaram a pobreza mundial com uma fé ardorosa e quase mística na economia de transferência de recursos dos mais ricos para os mais pobres.

O Banco Mundial tem emprestado dinheiro às nações mais pobres e desesperadas para que construam economias baseadas em megaprojetos de propriedade de estrangeiros, agricultura industrial, fabricação voltada para a exportação com baixos salários e finanças especulativas. Tais projetos são vantajosos para as empresas multinacionais de mineração, têxteis e de agronegócios em todo o mundo, mas em muitos países levam também à destruição ambiental, à migração em massa para centros urbanos, desvalorizações monetárias e empregos mortais em sweatshops.

E é aí que o Banco Mundial e o FMI entram com suas perversas ajudas financeiras, sempre sob certas condições. No Haiti, essas condições foram um salário mínimo congelado; na Tailândia, a eliminação de restrições à propriedade estrangeira; no México, um aumento nas taxas de educação universitária. E quando estas últimas medidas de austeridade novamente não conseguem levar ao crescimento econômico sustentável, esses países ainda ficam à mercê de suas dívidas sobrepostas.

Com a atenção internacional se voltando para o Banco Mundial e o FMI neste fim de semana, será difícil contra-atacar com o argumento de que os manifestantes em Seattle eram protecionistas americanos gananciosos, decididos a manter os frutos do *boom* econômico em suas próprias mãos. Quando sindicalistas e ambientalistas ganharam as ruas para reclamar da interferência da OMC na regulamentação ambiental e trabalhista, eles não estavam tentando impor "nossos" padrões sobre o mundo em desenvolvimento. Estavam acompanhando um movimento pela autodeterminação que começou nas nações do Sul do mundo, onde a palavras "Banco Mundial" são cuspidas, e não ditas, e onde "IMF", do inglês para FMI, é parodiado em cartazes de protesto como um acrônimo de *"I M Fired"*, "Fui demitido".

Depois de Seattle, ficou relativamente fácil para a Organização Mundial do Comércio vencer as guerras de informação. Assim, poucas pessoas sequer ouviram falar da OMC antes dos protestos, e grande parte dos argumentos da organização ficou sem contestação. Mas o Banco Mundial e o FMI são uma história diferente: dê uma espetada neles, e todos os esqueletos serão atirados para fora do armário. Em geral os esqueletos só podem ser vistos em países pobres — escolas e hospitais aos pedaços, agricultores abandonando suas terras, cidades superpovoadas, sistemas de água contaminados. Mas neste fim de semana tudo isso está mudando; os esqueletos estão acompanhando os banqueiros de sua casa até seu escritório, em Washington, D.C.

DEPOIS

Está bem, admito: dormi além da conta.

Fui a Washington para os protestos contra o Banco Mundial e o Fundo Monetário Internacional, mas quando meu celular tocou em uma hora terrível e alguém me disse que o novo plano aconteceria às quatro da manhã na segunda-feira, simplesmente não consegui.

"Tudo bem, encontro você lá", resmunguei, rabiscando cruzamentos de ruas com uma caneta cuja tinta estava no fim. Não havia a menor possibilidade. Esgotada depois de trinta horas nas ruas no dia anterior, decidi alcançar as manifestações em hora mais civilizada. E o mesmo, ao que parece, fizeram alguns milhares de pessoas, permitindo que os delegados do Banco Mundial, em um ônibus antes do amanhecer, chegassem a sua reunião em uma paz sonolenta.

"Derrotados!", proclamaram muitos jornais, ansiosos por deixar para o passado esse surto de democracia desordenada.

David Frum, canadense expatriado em Washington, foi mais rápido que seu computador ao declarar que os protestos foram "um fiasco", "um desastre" e, de certa forma, "um suflê murcho". Na estimativa de Frum, os militantes ficaram tão desanimados com sua incapacidade de interromper a reunião do FMI no domingo que permaneceram na cama no dia seguinte em vez de enfrentar as ruas chuvosas.

É verdade que foi duro se arrastar para fora da cama na segunda, mas não por causa da chuva ou dos policiais. Foi difícil, porque muito já havia sido feito em uma única semana de protestos. Interromper uma reunião é um bom motivo de vanglória para um ativista, sem dúvida, mas as verdadeiras vitórias aconteceram em torno desses momentos dramáticos.

O primeiro sinal de vitória surgiu nas semanas que antecederam o protesto, com uma tentativa de ex-funcionários do Banco Mundial e do FMI de tornar pública sua crítica e renunciar a seus ex-empregadores. O mais impressionante foi o ex-economista-chefe do Banco Mundial Joseph Stiglitz dizer que o FMI precisava desesperadamente de uma grande dose de democracia e transparência.

Em seguida, uma corporação deu-se por vencida. Os organizadores do protesto tinham anunciado que levariam seus gritos de "comércio justo", em oposição a "livre comércio", à porta da rede de cafeterias Starbucks, exigindo que ela vendesse café cultivado por agricultores que recebessem um salário justo. Na semana anterior, somente quatro dias antes do protesto planejado, a Starbucks anunciou a introdução de uma linha de café com certificado de comércio justo — não foi uma vitória arrasadora, mas foi pelo menos um sinal dos tempos.

E, por fim, os manifestantes definiram os termos do debate. Antes que as bonecas gigantes de papier-mâché estivessem secas, as falhas de muitos megaprojetos financiados pelo Banco Mundial e os auxílios financeiros do FMI foram expostos em jornais e entrevistas pelo rádio. Mais do que isso, a crítica do "capitalismo" teve um retorno de proporções semelhantes ao da volta de Santana.

O contingente anarquista radical Black Bloc se rebatizou de Anti-Capitalist Bloc. Estudantes universitários escreveram com giz nas calçadas: "Se você acha que o FMI e o Banco Mundial são assustadores, espere até conhecer o capitalismo." Os rapazes conservadores da American University responderam com seus próprios slogans, escritos em cartazes e pendurados nas janelas: "O capitalismo trouxe-nos a prosperidade. Adote-o!" Até os analistas de domingo da CNN começaram dizendo a palavra "capitalismo" em vez de apenas "a economia". E a palavra havia feito ainda mais duas aparições na capa do *New York Times* do dia anterior. Depois de mais de uma década de triunfalismo desenfreado, o capitalismo (em vez de eufemismos como "globalização", "regra corporativa" ou "o crescente abismo entre ricos e pobres") ressurgiu como um tema legítimo do debate público. Esse tipo de impacto é tão significativo que a interrupção de uma reunião de rotina do Banco Mundial parece quase irrelevante. O programa da reunião do Banco Mundial e a entrevista coletiva que se seguiu perderam inteiramente sua importância. A conversa de sempre de desregulamentação, privatização e a necessidade de "disciplinar" os mercados do Terceiro Mundo foi suplantada pelos compromissos de apressar o relaxamento da dívida para as nações mais pobres e gastar somas "ilimitadas" na crise da Aids africana.

É claro que este é apenas o começo de um longo processo. Mas se há uma lição a ser extraída de Washington é a de que uma barricada pode ser atacada não só em corpo, mas também em espírito. A soneca da segunda-feira não foi o cochilo dos derrotados, mas o descanso merecido dos vitoriosos.

O que virá a seguir?

O movimento contra o corporativismo global não precisa anunciar um plano de dez pontos para ser eficaz

Julho de 2000

"Esta conferência não é como as outras."

Foi o que todos os oradores na conferência "Repensando a política e a sociedade" disseram antes de chegar à Riverside Church de Nova York. Quando me dirigi aos delegados (havia cerca de mil durante os três dias em maio), estávamos tentando resolver um problema muito específico: a falta de "unidade de visão e estratégia" na orientação do movimento contra o corporativismo global.

Sabíamos que esse era um problema muito sério. Os jovens militantes que foram a Seattle para interromper a reunião da Organização Mundial do Comércio e a Washington para protestar contra o Banco Mundial e o Fundo Monetário Internacional foram criticados na imprensa como adoradores de árvores que se vestiam de lã de carneiro e tinham cérebros de bolha. Nossa missão, de acordo com os organizadores da conferência na Foundation for Ethics and Meaning, era vencer o caos nas ruas com algum modelo estruturado que agradasse à mídia. Não íamos ficar falando tediosamente de trabalho. Pretendíamos "criar um movimento unificado pela mudança social, econômica e política holística".

Ao passar de uma sala de conferência a outra, absorvendo a visão oferecida por Arianna Huffington, Michael Lerner, David Korten, Cornel West e dezenas de outros, ocorreu-me de repente que todo esse exercício bem-intencionado era inútil. Se conseguíssemos sair dali com um plano de dez pontos – brilhante em sua clareza, elegante em sua coerência, unificado em sua perspectiva –, para quem, exatamente, transmitiríamos esses mandamentos? O movimento de protesto anticorporação que ganhou a atenção do mundo nas ruas de Seattle em novembro último não é unificado por um partido político ou uma rede nacional com um escritório central, eleições anuais e células e locais subordinados. Ele é formado pelas idéias de organizadores e intelectuais, mas não se submete à liderança de nenhum deles. Nesse contexto amorfo, as idéias e planos que estavam sendo tramados na Riverside Church não eram exatamente irrelevantes; só não eram tão importantes quanto eu julgava. Em vez de adotados como política de militância, estavam destinados a ser varridos e eliminados na maré da informação – diários da Web, manifestos de ONGs, artigos acadêmicos, vídeos caseiros, *cris de coeur* – que a rede anticorporação global produz e consome diariamente.

Este é o lado negativo da crítica persistente de que os garotos nas ruas carecem de liderança clara – eles carecem de seguidores claros também. Aos que procuram por uma cópia dos esforços dos anos 1960, essa ausência faz com que o movimento anticorporação pareça irritantemente insensível: evidentemente, tais pessoas são tão desorganizadas que sequer conseguem se unir em resposta às tentativas perfeitamente bem-organizadas de organizá-las. São militantes desmamados da MTV, você praticamente ouve a velha guarda dizendo: dispersos, não-lineares, sem foco.

É fácil ser apanhado nas malhas dessas críticas. Se há uma coisa com que a esquerda e a direita concordam, é o valor de um argumento ideológico claro e bem-estruturado. Mas talvez não seja assim tão simples. Talvez os protestos em Seattle e Washington pareçam sem foco porque não foram manifestações de um grande movimento, mas convergências de pequenos movimentos, cada um deles com sua mira apontada para uma corporação multinacional específica (como a Nike), um setor econômico em particular (como o agrícola) ou uma nova iniciativa comercial (como a Área de Livre Comércio das Américas). Esses movimentos menores e focalizados são claramente parte de uma causa comum: compartilham a crença de que os problemas que estão enfrentando derivam da globalização estimulada pelas corporações, um programa que está concentrando poder e riqueza em um número cada vez menor de mãos. É claro que há desacordos — acerca do papel do Estado-nação, da questão de saber se o capitalismo pode ser redimido, da velocidade com que a mudança deve ocorrer. Mas na maior parte desses pequenos movimentos há o consenso emergente de que descentralizar o poder e formar um potencial de tomada de decisão baseado na comunidade — seja por meio de sindicatos, bairros, fazendas, vilas, coletivos anarquistas ou autogoverno aborígine – são essenciais para contra-atacar o poder das corporações multinacionais.

Apesar do terreno comum, tais campanhas não se traduziram em um movimento único. Em vez disso, estão intrincada e estreitamente vinculadas umas às outras, em grande parte como "hotlinks" que conectam seus Web sites na Internet. Essa analogia é mais que coincidente, e na verdade essencial para compreender a natureza mutável da organização política. Embora muitos tenham observado que os recentes protestos de massa teriam sido impossíveis sem a Internet, o que passa despercebido é como a tecnologia da comunicação que facilita essas campanhas está modelando o movimento à sua imagem e semelhança. Graças à rede mundial de computadores, as mobilizações ocorrem com pouca burocracia e uma hierarquia mínima; o consenso forçado e os manifestos elaborados desaparecem do cenário, substituídos por uma cultura de troca de informação constante, frouxamente estruturada e às vezes compulsiva.

O que surgiu das ruas de Seattle e de Washington foi um modelo de militância que espelha os caminhos orgânicos, descentralizados e interligados da Internet – a Internet ganhando vida.

A TeleGeography, o centro de pesquisa sediado em Washington, assumiu a tarefa de mapear a arquitetura da Internet como se fosse o sistema solar. Recentemente, a TeleGeography proclamou que a Internet não é uma teia gigante, mas uma rede de "eixos e raios". Os eixos são os centros de atividade, os raios são os links para outros centros, autônomos mas interconectados.

Parece uma perfeita descrição dos protestos em Seattle e Washington. Essas convergências em massa foram eixos de militância, feitos de centenas, talvez milhares de raios autônomos. Durante as manifestações, os raios assumiram a forma de "grupos de afinidade", contendo entre cinco e vinte manifestantes, e cada um deles elegeu um porta-voz para representá-los em reuniões regulares de "conselhos de porta-vozes". Embora os grupos de afinidade concordassem em se submeter a um conjunto de princípios de não-violência, eles também funcionaram como unidades separadas, com o poder de tomar suas próprias decisões estratégicas. Em algumas reuniões, os militantes trazem tecidos com teias de verdade para simbolizar seu movimento. Quando chega a hora de uma reunião, dispõem a teia no chão, convocam "todos os raios da teia", e a estrutura se torna uma sala de conselho de rua.

Nos quatro anos antes dos protestos de Seattle e Washington, eventos de eixo semelhantes convergiram do lado de fora de reuniões de cúpula da Organização Mundial do Comércio, do G-7 e da Cooperação Econômica da Ásia e do Pacífico em Auckland, Vancouver, Manila, Birmingham, Londres, Genebra, Kuala Lumpur e Colônia. Cada um desses protestos em massa foi organizado de acordo com os princípios da descentralização coordenada. Em vez de apresentar um front coerente, pequenas unidades de militantes cercavam seu alvo por todos os lados. Em vez de criar burocracias nacionais ou internacionais elaboradas, eles lançavam mão de estruturas temporárias: prédios vazios se transformavam em "centros de convergência" e produtores de mídia independentes improvisavam novos centros de militância. As coalizões *ad hoc* por trás dessas manifestações freqüentemente eram batizadas depois da data do evento planejado: J18, N30, A16 e, para a próxima reunião do FMI em Praga em 26 de setembro, S26. Quando os eventos terminam, não deixam quase nenhum vestígio, exceto por um Web site arquivado.

Tudo isso diz que a descentralização radical pode encobrir uma hierarquia verdadeira baseada em quem possui, compreende e controla as redes de computadores que ligam os militantes uns aos outros. É o que Jesse Hirsh, um dos fundadores da rede anarquista de computadores Tao Communications, chama de "uma adhocracia *geek*".

O modelo de eixos e raios é mais que uma tática usada em protestos: os protestos são em si feitos de "coalizões de coalizões", para usar uma expressão de Kevin Danaher, da Global Exchange. Cada campanha anticorporação é formada de vários grupos, principalmente ONGs, sindicatos de trabalhadores, estudantes e anarquistas. Eles usam a Internet, bem como instrumentos de organização mais tradicionais para fazer tudo, desde catalogar as últimas transgressões do Banco Mundial a bombardear a Shell Oil com fax e e-mails, além da distribuição de panfletos anti-sweatshops prontos para download a manifestantes na Nike Town. Os grupos permanecem autônomos, mas sua coordenação internacional é hábil e freqüentemente, para os seus alvos, arrasadora.

A acusação de que o movimento anticorporação não possui "visão" cai por terra quando o analisamos no contexto dessas campanhas. É verdade que os protestos de massa em Seattle e Washington foram uma miscelânea de slogans e causas, e que para um observador casual era difícil decodificar as ligações entre o tratamento na prisão americana de Mumia Abu-Jamal e o destino das tartarugas-marinhas. Mas ao tentar encontrar coerência nessas grandes exibições de força os críticos confundem as manifestações exteriores do movimento com o próprio movimento — não vêem a floresta porque se concentram nas pessoas vestidas de árvores. Esse movimento são os seus raios, e nos raios não há estreiteza de visão.

O movimento estudantil anti-sweatshop, por exemplo, rapidamente passou de uma simples crítica às empresas e administradores de *campi* universitários à elaboração de códigos alternativos de conduta e à criação de um órgão quase regulatório, o Worker Rights Consortium, em parceria com militantes trabalhistas do Sul global. O movimento contra alimentos geneticamente modificados saltou de uma vitória política para a seguinte, primeiro conseguindo que os alimentos geneticamente modificados fossem retirados das prateleiras de supermercados britânicos, depois obtendo a aprovação de leis de rotulagem na Europa, e em seguida dando enormes passos com o Protocolo de Biossegurança de Montreal. Enquanto isso, oponentes dos modelos de desenvolvimento para exportação do Banco Mundial e do FMI produziram um material digno de figurar nas estantes sobre modelos de desenvolvimento baseado na comunidade, reforma agrária, cancelamento da dívida e princípios de autogoverno. Da mesma forma, a crítica dos setores de petróleo e mineração está transbordando de idéias para energia sustentável e extração responsável de recursos — embora raramente tenham a oportunidade de colocar suas visões em prática.

O fato de essas campanhas serem descentralizadas não significa que sejam incoerentes. A descentralização é uma adaptação razoável e engenhosa para a fragmentação que já existia nas redes progressistas e para as mudanças na cultura mais ampla. É um subproduto da explosão de ONGs que, a partir da Rio-92, conquistaram poder e proeminência. Há tantas ONGs envolvidas em campanhas anticorporação que somente o modelo eixo e raios pode comportar todos os diferentes estilos, táticas e metas. Como a própria Internet, a ONG e as redes de grupo de afinidade são sistemas infinitamente expansíveis. Se alguém acha que não se adapta bem a uma das trinta mil ONGs ou milhares de grupos de afinidade que existem, pode começar o seu próprio e se associar. Uma vez envolvido, ninguém tem de desistir da estrutura maior; como acontece com todas as coisas on-line, somos livres para entrar e sair, pegando o que queremos e deletando o que não nos interessa. Parece, às vezes, ser uma abordagem de surfista à militância — refletindo a cultura paradoxal da

Internet de extremo narcisismo combinado com um intenso desejo de comunidade e conexão.

Mas enquanto a estrutura de teia é em parte um reflexo da organização baseada na Internet, ela é também uma resposta às próprias realidades políticas que inflamaram os protestos: o completo fracasso dos partidos políticos tradicionais. Em todo o mundo, cidadãos se esforçaram para eleger partidos social-democratas e de trabalhadores, e terminaram vendo-os alegar impotência diante das forças do mercado e dos ditames do FMI. Nessas condições, os militantes modernos não são tão ingênuos a ponto de acreditar que a mudança virá de uma urna eleitoral. É por isso que eles estão mais interessados em desafiar os mecanismos que tornam a democracia impotente, como o financiamento corporativo de campanhas eleitorais ou a capacidade da OMC de atropelar a soberania nacional. O mais controverso desses mecanismos tem sido a política de ajuste estrutural do FMI, patente em suas exigências para que os governos cortem os gastos sociais e privatizem recursos em troca de empréstimos.

Um dos pontos mais fortes desse modelo de organização de *laissez-faire* é que ele se provou extraordinariamente difícil de controlar, em grande parte porque é muito diferente dos princípios organizacionais das instituições e corporações que almeja. Ele responde à concentração corporativa com fragmentação, à globalização com seu próprio tipo de localização, à consolidação do poder com uma dispersão radical do poder.

Joshua Karliner, do Transnational Resource and Action Center, chama tal sistema de "uma resposta involuntariamente brilhante à globalização". E porque é involuntária, ainda não temos vocabulário que a descreva, e pode ser esse o motivo pelo qual uma divertida indústria das metáforas evoluiu para preencher o hiato. Estou fazendo a minha parte com os eixos e raios, mas Maude Barlow, do Council of Canadians, disse: "Estamos lutando contra uma pedra. Não podemos removê-la, e assim tentamos passar por baixo dela, contorná-la e escalá-la." John Jordan, um militante britânico do Reclaim the Streets, diz que as transnacionais "são como petroleiros gigantes, e nós somos como cardume de peixes. Podemos reagir rapidamente; eles não". A Free Burma Coalition, dos EUA, fala de uma rede de "aranhas", tecendo uma teia forte o bastante para aprisionar as mais poderosas multinacionais. Um relatório militar americano sobre o levante zapatista em Chiapas, no México, também entrou no jogo. De acordo com um estudo produzido pela RAND, um instituto de pesquisa contratado pelos militares americanos, os zapatistas estavam empreendendo uma "guerra de moscas", a qual, graças à Internet e à rede de ONGs global, transformou-se em uma "guerra de enxames". O desafio militar de uma guerra de enxames, observaram os pesquisadores, é que ela não tem "uma liderança central ou estrutura de comando; tem muitas cabeças, e é impossível decapitar".

É claro que esse sistema de muitas cabeças também tem seus pontos fracos, e eles estavam à mostra nas ruas de Washington durante os protestos contra o Banco Mundial e o FMI. Por volta do meio-dia de 16 de abril, o dia do maior protesto, uma reunião do conselho de raios foi convocada para que os grupos de afinidade formassem um bloqueio em todos os cruzamentos que cercam os prédios do Banco Mundial e do FMI. Os cruzamentos estavam bloqueados desde as seis da manhã, mas os delegados da reunião, como tinham acabado de saber os manifestantes, conseguiram passar para dentro das barricadas policiais antes das cinco horas. Com essa nova informação, a maioria das pessoas do raio achou que era hora de desistir dos cruzamentos e se unir à marcha oficial ao Ellipse. O problema foi que ninguém concordou: alguns grupos de afinidade queriam ver se podiam bloquear os delegados na saída da reunião.

A conciliação veio com estas palavras: "Está bem, ouçam todos", gritou ao megafone Kevin Danaher, um dos organizadores do protesto. "Cada cruzamento tem autonomia. Se o cruzamento quer ficar fechado, tudo bem. Se quiser seguir para o Ellipse, tudo bem também. É com vocês."

Foi impecavelmente justo e democrático, mas havia um problema — não fez sentido nenhum. Fechar os pontos de acesso fora uma ação coordenada. Se alguns cruzamentos agora fossem abertos e outros continuassem ocupados, os delegados, na saída da reunião, podiam simplesmente pegar a direita em vez da esquerda, e estariam livres para ir para casa. O que, é claro, foi exatamente o que aconteceu.

Quando observava grupos de manifestantes levantando-se e andando a esmo enquanto outros permaneciam sentados, desafiadoramente guardando, bem, guardando nada, ocorreu-me a metáfora adequada para os pontos fortes e fracos dessa rede nascente de militância. Não é que a cultura da comunicação que reina na Internet seja melhor em velocidade e volume que em síntese. Ela é capaz de levar dezenas de milhares de pessoas a se reunir na mesma esquina, cartazes nas mãos, mas é menos apta a ajudar essas mesmas pessoas a entrar em acordo sobre o que realmente estão querendo antes que levantem as barricadas — ou depois que partam.

Por isso, uma estranha espécie de ansiedade começou a se instalar depois de cada manifestação: O que foi isso? Quando será a próxima? Será boa também, e grande? Para conservar o ímpeto, uma cultura de protestos em série está rapidamente tomando forma. Minha caixa de entrada de e-mails fica abarrotada de pedidos para que eu compareça ao que promete ser "a próxima Seattle". Houve uma em Windsor e Detroit em 4 de julho de 2000, para uma "paralisação" da Organização dos Estados Americanos, e em Calgary, uma semana depois, para o Congresso Mundial do Petróleo; a convenção republicana na Filadélfia em julho e a convenção democrata em Los Angeles em agosto; a Reunião da Cúpula Econômica da Ásia do Pacífico do Fórum Econômico Mundial em 11 de setembro em Melbourne, seguida logo depois de manifestações anti-FMI em 26 de setembro em Praga e depois em Quebec para a Cúpula das Américas em abril de 2001. Alguém mandou uma mensagem sobre a lista de e-mail da organização para as manifestações de Washington: "Onde quer que eles estejam, estaremos lá! Depois, veremos você em Praga!" Mas será que é isso mesmo que nós queremos — um movimento de caçadores de reuniões de cúpula, seguindo os burocratas do comércio como se eles fossem o Grateful Dead?

A perspectiva é perigosa por diversos motivos. Há expectativa demais sendo depositada nesses protestos: os organizadores da manifestação de Washington, por exemplo, anunciaram que estariam literalmente "paralisando" duas instituições transnacionais de trinta bilhões de dólares, ao mesmo tempo que tentavam transmitir sofisticadas idéias sobre as falácias da economia neoliberal para o público satisfeito com o mercado de ações. Eles simplesmente não podiam fazê-lo; nenhuma manifestação isolada pode, e isso ficará cada vez mais difícil. As táticas de ação direta usadas em Seattle funcionaram porque pegaram a polícia de surpresa. Isso não vai acontecer novamente. A polícia agora assina todas as listas de e-mail. A prefeitura de Los Angeles já solicitou uma verba de quatro milhões de dólares para novos equipamentos de segurança e custos de equipe para proteger a cidade do enxame de militantes.

Em uma tentativa de criar uma estrutura política estável para fazer com que o movimento avance entre os protestos, Danaher começou a levantar fundos para um "centro de convergência permanente" em

Washington. O Fórum Internacional da Globalização, enquanto isso, tem se reunido desde março na esperança de produzir um documento político de duzentas páginas no final do ano. De acordo com o diretor do FIG, Jerry Mander, não é um manifesto, mas um conjunto de princípios e prioridades, uma primeira tentativa, como diz ele, de "definir uma nova arquitetura" para a economia global. [O documento foi atrasado muitas vezes e ainda não estava disponível na época da publicação deste livro.]

Como os organizadores da conferência na Riverside Church, contudo, essas iniciativas enfrentam uma batalha penosa. A maioria dos militantes concorda que chegou a hora de se sentar e começar a discutir um programa formal — mas em que mesa, e quem consegue decidir?

Tais questões chegaram a um ponto crítico no final de maio, quando o presidente tcheco Vaclav Havel ofereceu-se para "mediar" conversações entre o presidente do Banco Mundial, James Wolfensohn, e os manifestantes que planejavam arruinar a reunião do banco em Praga entre 26 e 28 de setembro. Não houve consenso entre os organizadores do protesto sobre a participação nas negociações no Castelo de Praga e, mais especificamente, não houve um processo para tomar a decisão: nenhum mecanismo para escolher membros aceitáveis de uma delegação de militantes (alguns sugeriram uma votação pela Internet) e nenhum acordo sobre um conjunto de metas para avaliar os benefícios e armadilhas da participação. Se Havel tivesse chegado aos grupos que lidam especificamente com dívida e ajuste estrutural, como o Jubilee 2000 ou 50 Years Is Enough, a proposta teria sido negociada de uma forma direta. Mas, por ter abordado todo o movimento como se este fosse um só bloco, deixou os organizadores das manifestações mergulhados em semanas de discussões internas.

Parte do problema é estrutural. Entre muitos anarquistas, os quais desempenham um considerável papel na organização popular (e que usam o universo on-line muito antes da esquerda tradicional), democracia direta, transparência e autodeterminação comunitária não são metas políticas grandiosas, são dogmas fundamentais que governam suas próprias organizações. Todavia muitas das principais ONGs, embora possam compartilhar, em tese, as idéias dos anarquistas sobre democracia, são organizadas como hierarquias tradicionais. São geridas por líderes carismáticos e conselhos executivos, enquanto seus membros lhes enviam dinheiro e incentivo.

Assim, como conseguir coerência de um movimento cheio de anarquistas, cuja grande força tática até agora tem sido sua semelhança com um enxame de mosquitos? Talvez, como acontece com a Internet, a melhor abordagem seja aprender a surfar nas estruturas que surgem organicamente. Talvez o necessário não seja um único partido político, mas ligações melhores entre os grupos de afinidade; talvez, em vez de buscar mais centralização, seja necessária uma descentralização ainda mais radical.

Quando os críticos dizem que os manifestantes não possuem visão, eles na verdade estão fazendo objeção à falta de uma filosofia revolucionária abrangente — como o marxismo, o socialismo democrático, a ecologia profunda ou a anarquia social — com que todos possam estar de acordo. Isso é absolutamente verdadeiro, e devemos ser extraordinariamente gratos por isso. No momento, os militantes de rua anticorporação estão cercados de virtuais líderes, ansiosos pela oportunidade de arregimentar militantes como soldados para sua visão particular. Em um extremo está Michael Lerner e sua conferência na Riverside Church, esperando para abrigar toda aquela energia incipiente em Seattle e Washington no contexto de sua "Política de Significado". No outro, está John Zerzan em Eugene, no Oregon, que não está interessado no chamado de Lerner por "cura", mas vê os tumultos e a destruição da propriedade como o primeiro passo para o colapso da industrialização e um retorno ao "anarcoprimitivismo" — uma utopia pré-agrária de caçadores-coletores. No meio estão dezenas de outros visionários, desde discípulos de Murray Bookchin e sua teoria da ecologia social, a alguns marxistas sectários, que estão convencidos de que a revolução começa amanhã, e a devotos de Kalle Lasn, editor da *Adbusters*, e sua versão diluída da revolução através da *culture jamming*.* E ainda há o pragmatismo sem imaginação de alguns líderes sindi-

* Prática de parodiar peças publicitárias e usar os outdoors para alterar drasticamente suas mensagens. (*N. do E.*)

cais que, antes de Seattle, estavam prontos para acrescentar cláusulas sociais em acordos de comércio existentes e dar o assunto por encerrado.

É mérito do movimento jovem que ele ainda resista a todos esses programas e rejeite o manifesto doado generosamente por alguém, defendendo um processo representativo e democrático aceitável para levar sua resistência ao estágio seguinte. Talvez o verdadeiro desafio não seja encontrar uma visão, mas resistir ao impulso de estabelecer uma com demasiada rapidez. Se conseguirem evitar as turmas de visionários-à-espera, haverá alguns problemas de relações públicas de curto prazo. Uma leva de protestos em série destruirá algumas pessoas. Os cruzamentos de ruas serão declarados autônomos. E, sim, os jovens militantes se oferecerão, como cordeiros — vestidos, com freqüência, em trajes de cordeiros —, ao ridículo do editorial do *New York Times*.

E daí? Anteriormente, esse enxame descentralizado e de muitas cabeças de um movimento foi bem-sucedido na educação e na radicalização de uma geração de militantes em todo o mundo. Antes de assinar o plano de dez pontos de alguém, ele merece a oportunidade de ver se, fora de nossa rede caótica de eixos e raios, alguma coisa nova, algo inteiramente próprio, poderá surgir.

Los Angeles

Raios X do casamento entre o dinheiro e a política

Agosto de 2000

Este discurso foi proferido em Los Angeles na Shadow Convention, a algumas quadras do Staples Center, onde a Convenção Nacional Democrata estava acontecendo. A Shadow Convention foi uma conferência de uma semana para tratar de questões significativas — como a reforma do financiamento de campanha e a guerra às drogas — que os principais partidos políticos americanos estavam ignorando em suas convenções. O discurso fez parte de um painel intitulado "Desafiando a cultura do dinheiro".

Expor as corporações — o modo como têm engolido nossos espaços públicos, nossas idéias sobre rebeldia, e comprado nossos políticos — não é mais o objetivo somente de críticos culturais e acadêmicos. Tornou-se, em apenas alguns anos, um esporte internacional. Em todo o mundo, os militantes estão dizendo: "Sim, conseguimos. Lemos os livros. Fizemos palestras. Estudamos os gráficos tentaculares em *The Nation* que mostram Rupert Murdoch possuindo tudo. E sabe de uma coisa? Não nos sentimos mal em relação a isso. Estamos fazendo alguma coisa."

Será que essa militância anticorporação subjugou a América corporativa? Não. Mas tampouco foi destituída de importância. Pergunte à Nike. Ou à Microsoft. Ou à Shell Oil. Ou à Monsanto. Ou à Occidental Petroleum. Ou à Gap. Pergunte à Philip Morris. Eles dirão a você. Ou o vice-presidente de responsabilidade corporativa recém-nomeado dirá a você.

Vivemos em uma era do fetiche da alta mercadoria, para usar uma expressão de Karl Marx. As marcas de refrigerantes e computadores fazem o papel de deidades em nossa cultura. Elas estão criando nossa iconografia mais poderosa, são elas que constroem nossos monumentos utópicos, são elas que articulam nossa experiência para nós: não religiões, intelectuais, poetas ou políticos. Todos estão na folha de pagamentos da Nike agora.

Em resposta, estamos nos primeiros estágios de uma campanha política organizada para desfetichizar mercadorias, para dizer, não, esse tênis *não* é, na verdade, um símbolo de rebeldia e transcendência. É um pedaço de pano e borracha, e alguém costurou os dois, e agora está lhe dizendo como e quanto deve pagar por ele e quantos sindicalistas têm de ser demitidos para manter os preços baixos. Desfetichizar mercadorias é dizer que o computador Mac não tem nada a ver com Martin Luther King Jr., e sim com um setor propenso a formar cartéis de informação.

É reconhecer que cada parte de nossa cintilante cultura de consumo vem de algum lugar. É acompanhar as teias de fábricas contratadas, subsidiárias escamoteadas e mão-de-obra terceirizada para descobrir onde todas as peças são fabricadas, sob que condições, que grupos de *lobby* escreveram as regras do jogo e que políticos foram subornados ao longo do caminho. Em outras palavras, são raios X da cultura da mercadoria, desconstruindo os ícones da era do shopping e formando, neste processo, verdadeiras conexões globais — entre trabalhadores, estudantes, ambientalistas. Estamos testemunhando uma nova onda de militância investigativa que quer dar nome aos bois: em parte Panteras Negras, em parte Black Bloc, parte situacionista, parte comédia, parte marxista, parte marketing.

E estamos vendo tudo isso em Los Angeles nesta semana. No domingo houve um protesto no Loews Hotel, o local de uma disputa trabalhista amarga entre trabalhadores de baixos salários e a gerência. Os grevistas escolheram esta semana para sua assembléia porque queriam chamar a atenção para o fato de que o dono do Loews é o principal colaborador da campanha de Al Gore. Eles queriam assinalar dois pontos: que o *boom* econômico está sendo feito à custa dos trabalhadores mal pagos e que os nossos políticos estão olhando para o outro lado porque zelam por homens e mulheres. Depois, nesse mesmo dia, houve uma reunião na Gap. Essa reunião também teve dois propósitos. O primeiro foi chamar a atenção para a forma como a empresa tem baseado todos aqueles comerciais de cáqui moderninhos — através de acordos de preços baixos em sua produção de fábricas sweatshops; o segundo foi estabelecer a conexão entre doações de campanha e *lobby* corporativo. "Qual é o *hobby* favorito de Donald Fisher, presidente do conselho da Gap?", perguntam os panfletos. "Comprar políticos", eles respondem, chamando a atenção para a generosa doação da empresa tanto a George Bush como a Bill Bradley. Na segunda-feira, o alvo foram as ações nominais de Gore da Occidental Petroleum, uma empresa petrolífera envolvida em uma controvérsia de direitos humanos na Colômbia, onde planeja perfurar as terras dos u'was, apesar da ameaça feita pela tribo, de cometer suicídio em massa se a terras forem profanadas. [A empresa acabou desistindo do projeto.]

Acredito que esta convenção será lembrada como aquela em que o casamento entre o dinheiro e a política foi definitivamente arrancado das sombras — aqui, na Shadow Convention, e nas ruas com os Billionaires for Bush (ou Gore) que estão simbolicamente se amordaçando com notas falsas de um milhão de dólares. Idéias com que somente os poucos que trabalham seriamente na política costumam se preocupar — reforma do financiamento de campanha, concentração de mídia — ganharam vida própria. Pairam em paródias teatrais da Figueroa Street e em redes de mídia participativa incrivelmente bem-sucedidas como a Indymedia, que tomou o sexto andar deste prédio, o Patriotic Hall.

Com tanta coisa surgindo em apenas alguns anos, como podemos deixar de ter esperança em relação à possibilidade de mudar no futuro? Lembrem-se, os jovens que enfrentam o poder corporativo nas ruas são exatamente aqueles que foram considerados além da redenção. É a geração que cresceu inteiramente sob o microscópio do marketing. Foram aqueles com comerciais em suas salas de aula; assaltados na Internet por pesquisadores de mercado vorazes; com subculturas jovens totalmente compradas e vendidas; ouviram que sua maior aspiração devia ser tornar-se um milionário ponto-com aos 18 anos; e aprenderam que, em vez de ser um cidadão, eles deviam aprender a "ser o presidente da Eu Inc.", ou, como no slogan do momento, "uma Marca Chamada Você". Julgava-se que essas pessoas tinham Fruitopia de uva em suas veias em vez de sangue, e Palm Pilots em vez de cérebros.

E certamente alguns têm. Mas muitos estão ganhando a direção oposta. Por isso, se vamos formar um movimento amplo que desafie a cultura do dinheiro, precisamos de uma militância que funcione nos níveis políticos concretos. Mas que também vá mais fundo, levando em conta as necessidades culturais e humanas criadas pela mercantilização da própria identidade. Já é tempo de reconhecer a necessidade de experiências não mercantilizadas e redespertar nosso desejo por espaços verdadeiramente públicos, e pela emoção de construir alguma coisa coletivamente. Talvez devamos começar a perguntar a nós mesmos se o movimento do software livre e a Napster fazem parte desse fenômeno. Talvez devamos começar a liberar mais espaços privatizados, como faz a caravana de militantes do Reclaim the Streets, dando festas ruidosas em cruzamentos movimentados só para lembrar às pessoas que as ruas já foram espaços cívicos além de comerciais.

Esse resgate já está acontecendo em muitas frentes. Os espaços de uso comum estão sendo resgatados em todo o mundo: por militantes da mídia, por camponeses sem terra que ocupam fazendas improdutivas, por agricultores que rejeitam patentes de plantas e formas de vida.

E a democracia está sendo resgatada também, pelas pessoas nesta sala e nas ruas lá fora. Ela não quer ficar fechada no Staples Center, ou contida pela lógica falida dos dois partidos políticos. E aqui, em Los Angeles, a militância que chamou a atenção do mundo em Seattle está rompendo seus limites, deixando de ser um movimento de oposição ao poder corporativo e assumindo a luta pela libertação da própria democracia.

Praga

A alternativa ao capitalismo não é o comunismo, é o poder descentralizado

Setembro de 2000

O que parece encolerizar mais os delegados da reunião do Banco Mundial e do Fundo Monetário Internacional em Praga nesta semana é a idéia de que eles também têm de discutir os benefícios básicos da globalização de livre mercado. Supõe-se que esta discussão deveria ter cessado em 1989, quando o Muro de Berlim caiu e a história teve seu fim. Só que aqui estamos nós — velhos, jovens, milhares de nós — literalmente assaltando as barricadas de sua reunião extremamente importante.

E quando os delegados olham de cima de sua fortaleza desprotegida para a turba abaixo, percebendo cartazes que dizem "O Capitalismo Mata", eles parecem terrivelmente confusos. Essas pessoas não têm memória? Não compreendem que todos nós já concluímos que o capitalismo de livre mercado era o melhor sistema? Certamente não é perfeito, e todos na reunião estão terrivelmente preocupados com todos aqueles pobres e a desordem ambiental, mas não é como se houvesse uma opção — ou há?

Por um longo tempo, parecia que havia apenas dois modelos políticos: o capitalismo ocidental e o comunismo soviético. Quando a União Soviética entrou em colapso, restou somente uma alternativa, ou assim parecia. Instituições como o Banco Mundial e o FMI têm ativamente "ajustado" economias na Europa Oriental e na Ásia para ajudá-las a seguir o programa: privatizando os serviços, relaxando a regulamentação de empresas estrangeiras, enfraquecendo sindicatos, construindo imensos setores de exportação.

É por tudo isso que é tão significativo que o ataque frontal de ontem à ideologia que domina o Banco Mundial e o FMI tenha acontecido aqui, na República Tcheca. Este é um país que viveu as duas ortodoxias econômicas, onde os bustos de Lenin foram substituídos por logos da Pepsi e os arcos do McDonald.

Muitos dos jovens tchecos que conheci esta semana dizem que sua experiência direta com o comunismo e o capitalismo ensinou-lhes que os dois sistemas têm uma coisa em comum: ambos centralizam o poder nas mãos de poucos, e ambos tratam as pessoas como seres inferiores. Onde o comunismo os via como apenas produtores em potencial, o capitalismo os vê como consumidores em potencial; onde o comunismo matou de fome sua bela capital, o capitalismo a superalimentou, transformando Praga em um parque temático da Revolução de Veludo.

A experiência de crescer desiludido com os dois sistemas explica por que tantos militantes por trás dos eventos desta semana chamam a si mesmos de anarquistas, e por que sentem uma ligação intuitiva com os camponeses ou os pobres urbanos nos países em desenvolvimento, enfrentando instituições imensas e burocracias sem rosto como o FMI e o Banco Mundial.

O que une tais questões é uma crítica não a quem está no poder — o Estado *versus* as multinacionais —, mas à maneira como o poder é distribuído, e uma crença em que a tomada de decisão é sempre mais responsável quando está mais próxima das pessoas que vivem com as decisões. Na raiz, está uma rejeição à cultura do "Confie em nós", qualquer que seja o especialista do momento. Durante a Revolução de Veludo, os pais de muitos jovens militantes em Praga lutaram com sucesso para mudar quem estava no poder em seu país. Essas crianças, sentindo que ainda não são cidadãos tchecos, agora fazem parte de um movimento global que desafia os próprios mecanismos de centralização do poder.

Na conferência sobre globalização que antecedeu a reunião de Praga, a física indiana Vandana Shiva explicou a rejeição em massa aos projetos do Banco Mundial menos como uma controvérsia sobre uma determinada represa ou programa social e mais como uma luta por democracia local e autogoverno. "A história do Banco Mundial", disse ela, foi a de "retirar o poder das comunidades, dá-lo a um governo central e depois cedê-lo às corporações através da privatização."

Os jovens anarquistas na turba assentiram. Ela falava exatamente como eles.

Toronto

Militância antipobreza e discussão da violência

Junho de 2000

Como organizar uma revolta? Esta é agora uma importante questão para John Clarke, o membro mais visível da Ontario Coalition Against Poverty. Na semana passada a OCAP fez uma reunião para protestar contra a crescente falta de moradia que em sete meses levou a 22 mortes nas ruas. Depois se transformou em uma batalha campal com cavalos e tropas de choque da polícia enfrentando tijolos e cartazes, e Clarke foi logo rotulado como um titereiro maquiavélico, acionando as cordas de uma turba insensata e fraca que adora um agito.

Vários sindicatos ameaçaram retirar sua ajuda financeira ao grupo antipobreza, e o próprio Clarke enfrentou uma acusação criminal de incitamento ao tumulto. [As acusações ainda estão pendentes.] A maioria dos comentaristas julgou que os manifestantes jamais poderiam ter decidido sozinhos lutar quando a polícia atacou a multidão com cassetete e cavalos. Afinal, eles chegaram armados com máscaras de mergulho e bandanas embebidas em vinagre, e portanto evidentemente estavam preparados para a batalha (passou despercebido o fato de que este traje foi uma proteção contra o inevitável gás lacrimogêneo e o spray de pimenta, que os manifestantes mais pacíficos e ordeiros tristemente esperam da polícia). Alguém deve ter orquestrado a violência, alguém disse a eles que jogassem pedras, montassem oficinas para a fabricação de coquetéis Molotov. Por que Clarke faria isso? Aparentemente, de acordo com os relatos da imprensa, para conseguir fama e fortuna.

Em meia dúzia de artigos de jornais, foi dito que John Clarke não é um sem-teto, que ele — pasmem! — vive em um bangalô alugado em Scarborough. E o que é ainda mais escandaloso: havia outras pessoas no protesto que também não eram sem-teto. Qual é o pressuposto? De que os militantes sempre são egoístas, protegem suas propriedades, querem reduzir suas taxas educacionais, ou engrandecer a si mesmos? Nesse contexto, tomar para si a defesa de um conjunto de crenças sobre como a sociedade deve ser é visto como algo fraudulento e mesmo sinistro. Os jovens e radicais ouvem que devem calar a boca e procurar um emprego.

Conheço vários "militantes profissionais" da OCAP há anos. Alguns se envolvem primeiro em trabalho antipobreza no final da adolescência, através do Food Not Bombs, um grupo que acredita que o alimento é um direito humano fundamental e que não deve ser necessária uma autorização municipal para cozinhar alguma coisa e compartilhá-la com pessoas que estão com fome.

Alguns desses jovens militantes poderiam ter, na verdade, empregos lucrativos e sairiam de seus apartamentos apinhados e compartilhados se quisessem. Eles são tremendamente habilidosos e bem-instruídos, e alguns são tão hábeis com um sistema operacional Linux que poderiam facilmente ser um daqueles milionários adolescentes ponto-com.

Mas escolheram um caminho diferente, que rejeita claramente um sistema de valores em que o único uso aceitável de nossas habilidades e talentos é trocá-los por dinheiro e poder. Em vez disso, eles usam suas habilidades altamente comercializáveis para trabalhar pela dispersão do poder: para convencer os membros menos poderosos da sociedade de Ontário de que eles têm poderes – para se organizar coletivamente, para se defender da brutalidade e do abuso, para reclamar abrigo –, poderes que continuam sem uso.

A Ontario Coalition Against Poverty existe com o único propósito de fortalecer os pobres e os sem-teto, e é por isso que é tão injusto que o protesto da última semana tenha sido descrito como uma maquinação de um só homem que usa os pobres como joguetes. A Coalition é um dos poucos grupos antipobreza que enfatiza a organização, em vez da mera caridade ou da defesa. Para a OCAP, os pobres não são simples bocas a alimentar ou corpos que precisam de sacos de dormir. Eles são algo inteiramente diferente: um eleitorado que tem o direito de ser ouvido. Encontrar uma forma de os sem-teto reconhecerem seus direitos políticos e enfrentarem seus oponentes é uma tarefa extraordinariamente difícil, e é por isso que a OCAP é com freqüência considerada uma história de sucesso por militantes em todo o mundo.

Como organizar os sem-teto, os que estão de passagem, os pobres? Sabemos que os trabalhadores estão organizados em fábricas, proprietários de casas em seus bairros, os estudantes em suas escolas. Mas o eleitorado da OCAP é, por definição, disperso e está em constante movimento. E embora os trabalhadores e estudantes possam fazer *lobbies* políticos com a formação de sindicatos e através de greves, os sem-teto já foram descartados por qualquer instituição que possam romper.

Obstáculos como esses têm levado a maioria dos grupos antipobreza a concluir que os pobres e os sem-teto precisam de um porta-voz e de alguém que aja em nome deles. A exceção é a OCAP, que está tentando criar um espaço para que os pobres tenham voz e ajam por si mesmos. E é aí que as coisas se complicam: a maioria de nós não quer realmente ouvir a raiva em sua voz, ver a fúria em seus atos.

É por isso que tantas pessoas se irritam com John Clarke. Seu crime não é o de organizar um tumulto. É se recusar a higienizar a pobreza para o benefício de câmeras e políticos. A Coalition não pede a seus membros que se submetam ao protocolo elegante do protesto educado. E não diz às pessoas furiosas que elas não devem ter raiva, especialmente quando enfrentam alguns dos mesmos policiais que batem nelas nos becos ou os políticos que promulgam leis que custam suas casas.

John Clarke não organiza um tumulto, nem a OCAP. Eles apenas não o detêm.

II
CERCAS NA DEMOCRACIA

Comércio e compromisso

[Em que os cidadãos descobrem que o verdadeiro preço do "livre comércio" é o poder de governar a si mesmos]

A democracia algemada

Quem se beneficia do livre comércio?

Junho de 2001

Durante a Cúpula das Américas em Quebec, em abril de 2001, o presidente americano George W. Bush proclamou que a proposta Área de Livre Comércio das Américas (Alca) conduziria a "um hemisfério de liberdade". Relacionando explicitamente globalização e democracia, Bush afirmou que "as pessoas que operam em economias abertas acabam exigindo sociedades mais abertas".

Mas será que a globalização realmente fomenta a democracia? Isso depende do tipo de globalização que criamos. O sistema atual simplesmente terceiriza a tomada de decisão a instituições opacas e não representativas, mas há outras opções disponíveis. Em termos nacionais e internacionais, a democracia é uma opção que exige vigilância e renovação constantes.

O presidente Bush parece ter uma opinião diferente. Como tantos defensores do modelo econômico global de hoje, ele afirma que a democracia não é tanto uma escolha ativa, mas um efeito de transferência de riqueza do crescimento econômico: mercados livres criam povos livres. A democracia na verdade seria uma questão de *laissez-faire*. Infelizmente, os investidores têm-se mostrado dispostos demais a apoiar monarquias opressoras como a da Arábia Saudita, ou o autoritarismo comunista da China, desde que esses regimes se transformem em mercados abertos a empresas estrangeiras. Na corrida por mão-de-obra barata e recursos naturais preciosos, os movimentos pró-democracia são com freqüência menosprezados.

Certamente o capitalismo prospera em democracias representativas que adotam políticas favoráveis ao mercado como a privatização e a desregulamentação. Mas e quanto ao fato de os cidadãos fazerem escolhas democráticas que não são tão populares entre investidores estrangeiros? O que acontece quando eles decidem nacionalizar a companhia telefônica, por exemplo, ou exercer um controle maior sobre seu petróleo e sua riqueza mineral? Os cadáveres contam a história.

Quando o governo democraticamente eleito da Guatemala introduziu reformas na propriedade de terras na década de 1950, rompendo o monopólio mantido pela United Fruit Company dos EUA, o país foi bombardeado e o governo deposto. Na época, os EUA afirmaram que esta era uma questão interna, mas nove anos depois o presidente Dwight D. Eisenhower refletiu: "Temos de nos livrar de um governo comunista que assumiu o poder." Quando o general Suharto protagonizou seu golpe sangrento na Indonésia em 1965, ele o fez com a cooperação dos Estados Unidos e da Europa. Roland Challis, correspondente da BBC no Sudeste Asiático na época, sustenta que "ter de volta à região as empresas britânicas e o Banco Mundial era parte do acordo". Da mesma forma, foram as forças do "livre mercado" nos Estados Unidos que instigaram a derrubada militar do presidente democraticamente eleito do Chile, Salvador Allende, em 1973, levando por fim a sua morte. (Na época, Henry Kissinger fez o famoso comentário de que um país não deve ter permissão para "tornar-se comunista pela irresponsabilidade de seu próprio povo".)

O que se fala abertamente hoje em Washington sobre a necessidade de derrubar o presidente venezuelano Hugo Chávez mostra que essa lógica mortal não feneceu com a guerra fria. Mas naquela época a interferência do livre mercado na democracia em geral tinha formas mais sutis. É uma diretiva do Fundo Monetário Internacional requerer que os governos introduzam taxas de usuários no sistema de saúde, ou cortem bilhões dos serviços públicos, ou privatizem o sistema de abastecimento de água. É um plano alimentado pelo Banco Mundial construir uma imensa represa, implementada sem a consulta às comunidades expulsas pelo projeto, cujo meio de vida desaparecerá. É um relatório do Banco Mundial pedindo por mais "flexibilidade" no mercado de trabalho de um país fortemente endividado — incluindo restrições à barganha coletiva —, a fim de atrair investidores estrangeiros. (Se tais países resistem e se defendem, podem se ver classificados como terroristas, e todos os meios para reprimi-los se tornarão permissíveis.)

E às vezes a interferência é uma queixa à Organização Mundial do Comércio de que a propriedade pública de um serviço de correios "discrimina" uma empresa de serviço postal estrangeira. É uma guerra comercial travada contra países que decidem, democraticamente, proibir a carne tratada com hormônios ou fornecer medicamentos gratuitos contra a Aids a seus cidadãos. É o incessante clamor por cortes nos impostos de lobistas empresariais em cada país, baseado na ameaça sempre presente de que o capital fará suas malas se não atendermos aos desejos imediatistas das corporações. Qualquer que seja o método empregado, o "livre mercado" raramente apóia e tolera pessoas verdadeiramente livres.

Quando falamos do relacionamento entre globalização e democracia, precisamos ver não somente que nações têm conquistado o direito de convocar eleições a cada quatro ou cinco anos, mas também que cidadãos ainda consideram essas eleições significativas. Devemos procurar não somente pela presença de democracia eleitoral, mas também examinar a qualidade e a profundidade dessas liberdades no cotidiano. Centenas de milhares vão às ruas que circundam as reuniões de comércio não porque se oponham ao comércio em si, mas porque a necessidade real de empregos e investimentos é sistematicamente usada para solapar nossas democracias. O comércio inaceitável é aquele que corrói os direitos de soberania em troca de investimento estrangeiro.

O que mais me desagrada no argumento da democracia em que a riqueza teoricamente se move dos mais ricos para os pobres é a vergonha que impõe a todas as pessoas que lutaram, e ainda lutam, por uma genuína mudança democrática em seus países, seja pelo direito de votar, seja para ter acesso à terra ou para formar sindicatos. Democracia não é o trabalho da mão invisível do mercado; é trabalho de mãos reais. Freqüentemente se afirma, por exemplo, que o Acordo de Livre Comércio da América do Norte (Nafta) está trazendo a democracia ao México. Na verdade, são os trabalhadores, estudantes, grupos indígenas e intelectuais radicais que lentamente estão forçando as reformas democráticas na intransigente elite mexicana. O Nafta, por ampliar o abismo entre ricos e pobres, torna sua luta mais combativa e mais difícil.

No lugar desses movimentos democráticos confusos e disruptivos do mundo real, o presidente Bush oferece um acalanto calmo e reconfortante: apenas relaxe e espere que seus direitos venham a você. Mas, ao contrário dessa visão letárgica de democracia com transferência de riqueza, em sua forma atual a globalização não traz liberdade. Nem o faz o livre mercado ou a pronta disponibilidade de Big Macs. A verdadeira democracia — o verdadeiro poder de tomar decisões nas mãos do povo — é sempre reclamada e jamais garantida.

A Área de Livre Comércio das Américas

Os líderes podem concordar, mas nas ruas das cidades latino-americanas o debate é furioso

Março de 2001

Na próxima sexta-feira, ministros do Comércio de 34 países, em negociação da Área de Livre Comércio das Américas, estarão reunidos em Buenos Aires. Muitos na América Latina prevêem que os ministros serão recebidos com protestos muito maiores do que aqueles que explodiram em Seattle em 1999.

Os ardorosos defensores da Alca gostam de fingir que seus únicos críticos são estudantes brancos de Harvard e MacGill, que não compreendem o quanto "os pobres" estão "suplicando" pela Alca. Será que essa manifestação pública de oposição latino-americana ao acordo comercial mudará tudo isso? Ora, não sejamos tolos.

Os protestos de massa no mundo em desenvolvimento não se inscrevem em nossas discussões sobre o comércio no Ocidente. Não importa quantas pessoas tomem as ruas de Buenos Aires, Cidade do México ou São Paulo, os defensores da globalização impelida pelas corporações continuam a insistir que toda e qualquer objeção que tenha atravessado seu caminho foi concebida por alguém em Seattle com cabelos desgrenhados bebericando um café.

Quando falamos de comércio, freqüentemente nos concentramos — e com razão — em quem está ficando mais rico e quem está ficando mais pobre. Mas há outra divisão em jogo: que países são apresentados como culturas políticas diversas e complexas em que os cidadãos têm um leque de visões divergentes, e que países parecem falar no cenário mundial em uma monotonia ideológica.

Na América do Norte e na Europa, os debates giram em torno dos fracassos do atual sistema de comércio. E todavia tal diversidade de opinião pública raramente é atribuída a cidadãos dos países do Terceiro Mundo. Em vez disso, é imputada a uma entidade homogênea, representada por políticos eleitos de forma dúbia ou, melhor ainda, desacreditados, como o ex-presidente do México Ernesto Zedillo, que agora apela por uma campanha internacional contra os "globófobos".

A verdade é que ninguém pode falar em nome dos quinhentos milhões de habitantes da América Latina, e muito menos Zedillo, cuja derrota do partido foi em grande parte um repúdio à história do Nafta. Em todas as Américas, a liberalização do mercado é um assunto de acirrada controvérsia. O debate não versa sobre se o investimento estrangeiro e o comércio são desejáveis – a América Latina e o Caribe já estão organizados em blocos comerciais regionais como o Mercosul. O debate é sobre democracia: que termos e que condições os países pobres terão de cumprir a fim de que se qualifiquem para admissão no clube de comércio global?

A Argentina, anfitriã da próxima reunião do Nafta, está atualmente em revolta aberta contra os cortes maciços nos gastos sociais – quase oito bilhões de dólares em três anos – que foram introduzidos para que se qualificasse a um pacote de empréstimos do FMI. Na semana passada, três ministros de Estado renunciaram, sindicatos fizeram uma greve geral e professores universitários foram dar suas aulas para as ruas.

Embora a raiva das rigorosas medidas de austeridade tenha se concentrado principalmente no FMI, em todo o continente ela está rapidamente se expandindo e abrange acordos comerciais como a Alca, por exemplo. Como prova dos riscos, muitos latino-americanos se voltam para o México. O Acordo de Livre Comércio da América do Norte entrou em vigor em 1º de janeiro de 1994 e, sete anos depois, três quartos da população do México vivem na pobreza, os salários reais estão mais baixos do que em 1994 e o desemprego cresce. Assim, apesar dos argumentos de que o resto da América Latina quer um Nafta que seja seu, as principais associações trabalhistas do Brasil, Argentina, Paraguai e Uruguai – representando vinte milhões de trabalhadores – manifestaram-se contrárias ao plano. Elas agora apelam por plebiscitos nacionais sobre o ingresso na Alca. [O candidato à presidência do Brasil, Lula da Silva, na época em que eu escrevia este livro, lutava para vencer as eleições de outubro de 2002.]

O Brasil, enquanto isso, ameaçou boicotar a reunião de Quebec, furioso com a proibição canadense da carne brasileira. Ottawa mencionou preocupações com a segurança, mas os brasileiros acham que tem mais a ver com o ressentimento canadense com a fabricação subsidiada de aviões no Brasil. O governo brasileiro também desconfia de que a Alca conterá medidas de proteção para empresas de medicamentos que ameaçarão sua política de saúde pública visionária de fornecer medicamentos genéricos contra a Aids gratuitamente a quem quer que precise deles.

Os defensores do livre comércio querem nos fazer crer na equação fácil comércio = democracia. As pessoas que receberão nossos ministros do Comércio nas ruas de Buenos Aires na semana que vem propõem um cálculo mais complexo e desafiador: o quanto devem desistir da democracia em troca do comércio?

FMI, vá para o inferno

O povo da Argentina tentou a abordagem do FMI; agora quer a oportunidade de governar o país

Março de 2002

No mesmo dia em que o presidente da Argentina Eduardo Duhalde se envolveu em outra negociação infrutífera com o Fundo Monetário Internacional, um grupo de moradores de Buenos Aires estava travando uma negociação diferente. Em uma terça-feira ensolarada no início deste mês, eles tentavam se salvar do despejo. Os moradores do número 335 da Ayacucho, inclusive dezenove crianças, fizeram uma barricada dentro de suas casas, localizadas a alguns quarteirões do Congresso Nacional, e recusaram-se a partir. Na fachada de concreto da casa, uma placa pintada à mão dizia: "FMI, Vá para o Inferno".

Parece estranho que uma instituição tão decididamente macro como o FMI se envolva em uma questão tão micro como o despejo de Ayacucho. Mas aqui, em um país em que metade da população vive abaixo da linha de pobreza, é difícil encontrar um setor da sociedade cujo destino não dependa de algum modo das decisões do banco de empréstimos internacional.

Bibliotecários, professores e outros trabalhadores do setor público, que têm sido pagos em moedas provinciais cunhadas às pressas, não serão pagos se as províncias concordarem em parar de emitir as moedas, como está exigindo o FMI. E se cortes mais profundos forem feitos no setor público, como o banco também quer, os trabalhadores desempregados, trinta por cento da força de trabalho, estarão ainda mais perto da falta de moradia e da fome, a qual tem levado milhares a saquear supermercados em busca de comida.

E se uma solução não for encontrada para o recentemente declarado estado de emergência médica, certamente isso afetará uma mulher que conheci nos arredores de Buenos Aires. Num gesto de vergonha e desespero, ela arrancou sua blusa e me mostrou a ferida aberta e os tubos pendurados de uma cirurgia no estômago que seu médico não pôde suturar ou medicar devido a uma carência crônica de suprimentos médicos.

Pode parecer uma indelicadeza falar de tais assuntos aqui. Supõe-se que a análise econômica deva tratar da posição do dólar, da "pesificação" e dos perigos da "estagflação" — e não de crianças perdendo sua casa ou mulheres escancarando feridas. No entanto o conselho inconseqüente dado ao governo da Argentina por pessoas de fora talvez exija um pouco de personalização.

Nos círculos do livre mercado, o consenso é de que o FMI deve ver a crise argentina não como um obstáculo a mais austeridade, mas como uma oportunidade: o país está tão desesperado por dinheiro, prossegue o raciocínio, que fará qualquer coisa que o FMI queira. "É durante a crise que precisamos agir, quando o Congresso é mais receptivo", explica Winston Fritsch, presidente do conselho da sucursal brasileira do Dresdner Bank AG.

A sugestão mais draconiana veio de Ricardo Cabellero e Rudiger Dornbusch, dois economistas do MIT que escrevem na *Financial Times*. "É hora de radicalizar", dizem eles. A Argentina "deve renunciar temporariamente a sua soberania em todas as questões financeiras (...) desistir de grande parte de sua soberania monetária, fiscal, regulatória e de gerenciamento de ativos por um período prolongado, digamos, de cinco anos". A economia do país — seus "gastos, emissão de moeda e administração dos impostos" — deve ser controlada por "agentes estrangeiros", inclusive "um conselho dos banqueiros centrais externos".

Em uma nação ainda marcada pelo desaparecimento de trinta mil pessoas durante a ditadura militar de 1976 a 1983, somente um "agente estrangeiro" teria a coragem de dizer, como fez a equipe do MIT, que "alguém tem de conduzir o país com mão firme". E parece que a repressão é precondição necessária para o verdadeiro trabalho de salvar o país, o que, de acordo com Cabellero e Dornbusch, implica sondar os mercados abertos, introduzir cortes profundos nos gastos e, é claro, uma "campanha de privatização maciça".

É a receita de sempre, só que desta vez há um problema: a Argentina já fez tudo isso. Como aluno modelo do FMI nos anos 1990, o país escancarou sua economia (e é por isso que a fuga de capital tem sido tão fácil desde que a crise começou). Quanto aos supostamente desenfreados gastos públicos da Argentina, um terço vai diretamente para o serviço da dívida externa. Outro terço vai para os fundos de pensão, que já haviam sido privatizados. O terço restante – que na verdade corresponde à saúde, educação e assistência social – ficou muito aquém do crescimento populacional, e é por isso que as partidas de alimentos e remédios doados estão chegando por mar da Espanha.

Quanto à "privatização maciça", a Argentina zelosamente vendeu tantos de seus serviços, de trens a telefones, que os únicos exemplos dos bens que Cabellero e Dornbusch podem pensar em privatizar são os portos e alfândegas do país.

Não surpreende que tantos que tenham cantado loas à Argentina no passado agora se apressem a imputar seu colapso econômico exclusivamente à ganância nacional e à corrupção. "Se um país acha que terá a ajuda dos Estados Unidos, e está roubando dinheiro, não vai conseguir", disse George W. Bush no México na semana passada. A Argentina "terá de tomar algumas decisões difíceis".

A população argentina, que está há meses em revolta aberta contra sua elite política, financeira e judiciária, dificilmente tem de ser instruída sobre a necessidade de um bom governo. Nas últimas eleições gerais, a maioria das pessoas anulou seu voto sem escolher nenhum político. O candidato mais popular foi um personagem de quadrinhos chamado Clemente, eleito porque não tinha mãos e portanto não podia roubar.

Mas é difícil acreditar que o FMI venha a ser o único capaz de livrar a cultura argentina do suborno e da impunidade, especialmente porque uma das condições impostas pelo emprestador em relação aos novos financiamentos é que os tribunais argentinos parem de perseguir os banqueiros que retiraram seu dinheiro ilegalmente do país e aprofundaram drasticamente a crise. E desde que a destruição de seu país é apresentada como uma patologia exclusivamente nacional, os refletores estarão convenientemente mantidos longe do próprio FMI.

Na narrativa familiar de um país empobrecido que mendiga pelo mundo por um "auxílio financeiro", um desenvolvimento crucial está sendo esquecido: muitas pessoas aqui têm pouco interesse no dinheiro do FMI, especialmente quando ele claramente lhes custará tanto. Em vez disso, elas estão construindo novos contrapoderes políticos para suas próprias estruturas políticas falidas e para o FMI.

Dezenas de milhares de moradores se organizaram em assembléias de bairro, formando uma rede nos níveis municipal e nacional. Nas praças, parques e esquinas da cidade, vizinhos discutem formas de tornar sua democracia mais responsável e cumprir os papéis que o governo não conseguiu desempenhar. Elas falam de criar um "congresso de cidadãos" para exigir transparência e responsabilidade dos políticos. Discutem orçamento participativo e mandados políticos mais curtos, enquanto organizam cozinhas comunitárias para os desempregados. O presidente, que sequer foi eleito, está suficientemente assustado com sua força política, a tal ponto que começou a chamar as *"asambleas"* de antidemocráticas.

Há motivo para prestar atenção. As *asambleas* também estão falando de como incentivar a indústria local e renacionalizar os bens. E podem ir ainda mais longe. A Argentina, como pupilo obediente por décadas, fracassou terrivelmente para seus professores do FMI, e não deve mendigar empréstimos; deve exigir reparações.

O FMI teve sua oportunidade de administrar a Argentina. Agora é a vez do povo.

Não há lugar para a democracia local

Quando uma cidade segue o caminho de um acordo comercial lucrativo, uma corporação a processa em um tribunal internacional

Fevereiro de 2001

Quem ainda não entendeu por que a polícia está construindo uma espécie de Bastilha da era moderna em torno de Quebec como preparação para a Área de Livre Comércio das Américas deve dar uma olhada em um caso que está sendo julgado pela Suprema Corte da Colúmbia Britânica. Em 1991, a Metalclad, uma empresa americana de gerenciamento de lixo, comprou uma fábrica fechada de tratamento de lixo tóxico em Guadalcanal, no México. A empresa queria construir um imenso depósito de lixo perigoso e prometeu limpar a sujeira que fora deixada pelos antigos proprietários. Mas nos anos que se seguiram eles expandiram as operações sem a aprovação local, conquistando pouca benevolência em Guadalcanal.

Os moradores não confiam mais que a Metalclad seja séria a respeito da limpeza, temeram a contaminação contínua dos lençóis freáticos e por fim decidiram que a empresa estrangeira não era bem-vinda. Em 1995, quando o aterro sanitário estava pronto para ser inaugurado, a cidade e o Estado intervieram com os poderes legislativos de que dispunham: a cidade negou permissão à Metalclad para construir, e o Estado declarou que a área em torno do local era parte de uma reserva ecológica.

A essa altura, o Acordo de Livre Comércio da América do Norte (Nafta) – inclusive sua cláusula controversa do "Capítulo 11", que permite que os investidores processem os governos – estava em pleno vigor. Assim, a Metalclad lançou mão do Capítulo 11, argumentando que o México estava "expropriando" seu investimento. A queixa foi ouvida em agosto de 2001 em Washington por uma mesa de três juízes. A Metalclad pediu noventa milhões de dólares e foi recompensada com 16,7 milhões. Usando um raro mecanismo de apelar a uma terceira parte, o México preferiu contestar a decisão na Suprema Corte da Colúmbia Britânica.

O caso da Metalclad é um exemplo nítido do que a crítica quer dizer quando acusa esses acordos de livre comércio de equivalentes de uma "declaração de direitos de corporações multinacionais". A Metalclad conseguiu representar bem o papel de vítima, oprimida pelo que o Nafta chama de "intervenção" e que costumava ser chamado de "democracia".

Como mostra o caso da Metalclad, às vezes a democracia se manifesta quando menos se espera. Talvez seja em uma cidade sonolenta ou complacente, onde os moradores subitamente concluem que seus políticos não têm feito seu trabalho e é hora de os cidadãos intervirem. Grupos comunitários se formam, reuniões de conselho são realizadas. E às vezes há uma vitória: uma mina perigosa não é construída, um plano para privatizar o sistema de abastecimento local de água naufraga, um depósito de lixo é bloqueado.

Freqüentemente, essa ação comunitária acontece nos momentos finais do jogo, e as decisões anteriores são revertidas. Essas explosões de intervenção popular são confusas, inconvenientes e difíceis de prever — mas a democracia, apesar de seus elaborados planos, às vezes irrompe de assembléias consultivas e comitês a portas fechadas.

É precisamente este tipo de democracia que os juízes da Metalclad consideraram "arbitrária", e é por isso que todos devemos prestar atenção. Sob o chamado livre comércio, os governos estão perdendo sua capacidade de responder a seus eleitores, aprender com os erros e corrigi-los antes que seja tarde demais. A posição da Metalclad é de que o governo mexicano simplesmente devia ter ignorado as objeções locais. E não há dúvida de que, da perspectiva de um investidor, é sempre mais fácil negociar com um nível de governo do que com três.

O problema é que nossas democracias não funcionam assim: questões como a do manejo do lixo atravessa níveis de governo, afetando não somente o comércio, mas ainda a água potável, a saúde, a ecologia e o turismo. Além disso, é nas comunidades locais que os verdadeiros impactos das políticas de livre comércio são sentidos de forma mais pungente.

Pede-se às cidades que absorvam as pessoas expulsas de suas terras pela agricultura industrial, ou forçadas a deixar suas províncias devido a cortes nos programas federais de emprego. As cidades têm de encontrar abrigo para aqueles que se transformaram em sem-teto pelo mercado imobiliário desregulamentado, e as prefeituras têm de lidar com a confusão de experiências fracassadas de privatização — e tudo isso com uma base de impostos erodida. Os acordos de comércio podem ser negociados internacionalmente, mas são os moradores locais que bebem a água.

Há um movimento entre muitos políticos municipais para exigir poderes crescentes em resposta a isso. Por exemplo, citando a decisão de Washington no caso da Metalclad, a Câmara de Vereadores de Vancouver aprovou uma resolução no mês passado pedindo "que o governo federal se recuse a assinar quaisquer acordos comerciais e de investimento, como (...) a Área de Livre Comércio das Américas, que incluam disposições similares àquelas incluídas no Nafta". E na segunda-feira os prefeitos das maiores cidades do Canadá lançaram uma campanha por maiores poderes constitucionais. "[As cidades] são mencionadas na Constituição do final dos anos 1800 entre bares e sanatórios, e é aí que está nosso poder; assim podemos ser descartados [e] reconsiderados", explicou Joanne Monaghan, presidente da Federação de Prefeituras do Canadá.

Cidades e municípios precisam de poderes de decisão proporcionais a suas crescentes responsabilidades, ou elas simplesmente se transformarão em aterros sanitários passivos para o lixo radiativo e tóxico do livre comércio. Às vezes, como em Guadalcazar, é fácil ver o terreno.

Na maioria das vezes, é melhor esconder.

[Em maio de 2001, a Suprema Corte da Colúmbia Britânica apoiou as decisões do tribunal do Nafta, e o México pagou mais de dezesseis milhões de dólares à Metalclad em outubro de 2001.]

A guerra nos sindicatos

No México, trabalhadores de fábrica exigem que a Nike cumpra sua palavra

Janeiro de 2001

Marion Traub-Werner estava em Toronto visitando sua família quando veio o chamado: oitocentos trabalhadores do setor de vestuário tinham deixado o trabalho em uma fábrica no México. Ela pegou o primeiro avião para a Cidade do México e se reuniu com os trabalhadores horas depois.

Para Traub-Werner, não era uma greve qualquer. "Era a greve que estávamos esperando", disse ela. Essa fábrica estava produzindo camisetas que traziam as insígnias das universidades de Michigan, Oregon, Arizona, Indiana e Carolina do Norte. O maior cliente da fábrica era a Nike, que fornecia trajes esportivos a essas escolas e a muitas outras.

Nos últimos cinco anos, Marion Traub-Werner tem sido uma das principais organizadoras do crescente movimento estudantil anti-sweatshop na América do Norte, ajudando a fundar a United Students Against Sweatshops, agora ativa em 175 *campi*. Os estudantes estão empenhados numa disputa amarga com as empresas que produzem roupas para as suas escolas, e suas batalhas mais públicas têm sido travadas com a gigante dos bens esportivos Nike.

Em debate está quem deve regular e monitorar as fábricas no mercado de trajes esportivos universitários de dois bilhões e meio de dólares.

A Nike tem consistentemente argumentado que pode resolver o problema sozinha: diz que tem um sólido código de conduta e é parte da Fair Labor Association, fundada pelo ex-presidente dos EUA Bill Clinton. Ela também contrata empresas de auditoria externas para se certificar de que as setecentas fábricas que produzem seus bens estejam agindo de acordo com as regras. [O argumento de que as empresas de auditoria têm um relacionamento imparcial com as corporações que as pagam tornou-se acentuadamente menos popular desde o caso Enron/Andersen.]

Os estudantes rejeitaram este caminho, afirmando que não se pode esperar que as corporações monitorem a si mesmas. Eles, em vez disso, estão pressionando suas escolas e universidades a se unir ao Workers' Right Consortium, um grupo que defende o monitoramento verdadeiramente independente, livre do controle da empresa.

Para quem está de fora, parecia uma misteriosa batalha entre acrônimos concorrentes: a FLA *versus* a WCR. Mas na fábrica de roupas de Kuk-Dong em Atlixco, no México, a controvérsia estava ganhando feições humanas. Kuk-Dong era uma das fábricas-teste da Nike, visitada pelos monitores contratados pela empresa em diversas ocasiões.

Hoje os estudantes tornarão pública uma entrevista condenatória realizada em vídeo com uma trabalhadora de Kuk-Dong, fita que eles dizem mostrar que o código de conduta da Nike está sendo violado. No vídeo, a que assisti ontem, uma jovem mexicana fala de salários miseráveis, fome, de adoecer no trabalho e de não ter permissão para fazer um intervalo. Quando indagada sobre sua idade, ela responde: "Quinze anos."

De acordo com o código de conduta da Nike, a empresa não empregará trabalhadores do setor de vestuário com idade inferior a dezesseis anos. A Nike diz que ela pode ter falsificado os documentos para conseguir o emprego. A fraude de documentos é, de fato, disseminada no México, mas trabalhadores menores de idade com freqüência reclamam que foram treinados a mentir pelos próprios recrutadores das empresas locais.

Há outros fatores no caso de Kuk-Dong que colocam em questão os métodos de monitoramento da Nike. A Nike afirma que os trabalhadores que produzem seus bens têm direito à liberdade de associação, e quando falei ontem com Vada Manager, diretor de Gestão de Questões Globais da Nike, ele insistiu: "Não somos contra os sindicatos."

Mas os trabalhadores dizem que quando eles decidiram criar o "sindicato da empresa" que não conseguiu representar seus interesses, cinco de seus porta-vozes mais representativos foram demitidos. (Os chamados sindicatos de empresa, vinculados à gerência, são comuns no México, onde os sindicatos independentes são tratados como uma barreira ao investimento estrangeiro.)

Na última terça-feira, os trabalhadores entraram em greve em protesto contra a demissão de seus líderes: oitocentas pessoas saíram de suas máquinas de costura e ocuparam sua fábrica. De acordo com Josephina Hernandez, um dos sindicalistas demitidos, "o que estamos pedindo é o fim do sindicato corrupto e um sindicato independente formado por trabalhadores".

Os resultados, mais uma vez, foram desastrosos. Na terça-feira, a polícia, tendo à frente o líder do sindicato da empresa, atacou e pôs fim ao protesto, espancando trabalhadores e mandando cinqüenta deles para o hospital. Os ataques foram tão brutais que aproximadamente duzentos trabalhadores decidiram não voltar ao trabalho na fábrica, muito embora a greve houvesse terminado, temendo uma retaliação da gerência. A liberdade de associação, um direito de acordo com a legislação mexicana e o próprio código de conduta da Nike, obviamente não é uma realidade na fábrica de Kuk-Dong.

Vada Manager diz que o último pedido da Nike a Kuk-Dong — de camisetas de malha de lã — foi atendido em dezembro. Ele diz que a Nike decidirá se fará outras encomendas com base nas recomendações de seu "mediador no local".

Os funcionários da fábrica e os estudantes universitários, trabalhando juntos no México, querem mais uma coisa. Não querem que a Nike fuja desse cenário feio para salvar sua pele, mas que permaneça e prove que seu código de conduta contém mais do que palavras vazias. "Queremos que a Nike pressione Kuk-Dong a negociar diretamente com os trabalhadores", diz Traub-Werner. "É uma abordagem de longo prazo, mas achamos que será mais duradoura."

[Os trabalhadores de Kuk-Dong fizeram uma greve de fome, e a Nike acabou por pressionar a fábrica a permitir que os grevistas voltassem ao trabalho. Em setembro de 2001, os trabalhadores conquistaram o direito de formar um sindicato independente, o que, de acordo com o grupo americano de direitos humanos Global Exchange, "é uma vitória que cria um precedente" que pode levar à organização de trabalhadores e sindicatos independentes nas fábricas do México.]

O histórico do Nafta

Depois de sete anos, os números que exaltam as virtudes do acordo não fazem sentido

Abril de 2001

Este artigo é uma resposta a outro escrito em The Globe and Mail *pelo ex-primeiro-ministro do Canadá, Brian Mulroney, o homem que negociou o Acordo de Livre Comércio entre o Canadá e os EUA e o Acordo de Livre Comércio da América do Norte, que trouxe o México para o tratado. No artigo, ele argumentou em favor de uma expansão maior do Nafta, de forma a incluir todo o hemisfério (a proposta Área de Livre Comércio das Américas). A posição de Mulroney baseia-se em sua crença de que o Nafta tem sido um sucesso absoluto nos três países. Na época em que o debate foi publicado, a cidade de Quebec estava se preparando para receber a Cúpula das Américas, o encontro de 34 chefes de Estado para lançar a Alca. Militantes das três Américas estavam planejando fazer grandes manifestações.*

Brian Mulroney pensa que os números são seus amigos. Ele orgulhosamente assinala a porcentagem do produto interno bruto do Canadá que agora é gerado pelas exportações aos Estados Unidos — quarenta por cento! O número de empregos criados pelo comércio — quatro em cinco! E a situação do México como um importante parceiro comercial dos EUA — perde apenas para o

Canadá! Esses números são uma justificativa, acredita nosso ex-primeiro-ministro, para os acordos de livre comércio, primeiro com os Estados Unidos, depois com o México.

O que ele ainda não percebeu é que aqueles números não são seus amigos; são o seu pior inimigo. A oposição ao livre comércio tem crescido e se tornado mais ruidosa precisamente porque a riqueza privada cresceu sem se traduzir em algo que possa ser claramente identificado com o bem público. Não é que os críticos não saibam quanto dinheiro está sendo gerado com o livre comércio — é que agora sabemos bem demais.

Embora não haja carência de números para assinalar os aumentos na exportação e no investimento, os prometidos efeitos de transferência espontânea de riqueza, do incentivo político à desregulamentação — um meio ambiente mais limpo, salários mais altos, melhores condições de trabalho, menos pobreza — ou foram lamentavelmente incrementais ou não existiram.

Os acordos laterais trabalhistas e ambientais alinhavados no Acordo de Livre Comércio da América do Norte têm uma trajetória espetacularmente pobre. Hoje, 75% da população do México vive na pobreza, contra 49% em 1981.

O comércio pode estar criando empregos no Canadá, mas não o suficiente para acompanhar o número de empregos que foram eliminados — em 1997 houve uma perda líquida de 276.000 empregos, segundo o Canadian Centre for Policy Alternatives.

A poluição total proveniente do setor industrial duplicou no México desde que o Nafta foi introduzido, de acordo com um estudo da Tufts University. E os Estados Unidos tornaram-se um traidor da mudança climática, livrando-se inteiramente dos compromissos de Kyoto. Acontece que esse unilateralismo desafiador é o item de luxo definitivo na era do livre comércio, reservado aos ultra-ricos.

Sempre existe uma desculpa pronta para o fato de que a riqueza gerada pelo livre comércio está presa no topo: uma recessão, o déficit, a crise do peso, a corrupção política e agora outra recessão que se agiganta. Sempre há um motivo para o fato de que se deve gastar em outros cortes de impostos em vez de em programas ambientais.

O que Mulroney não compreende é que só os economistas veneram a criação de riqueza como uma abstração, só os muito ricos a fetichizam como um fim em si mesma. O restante de nós está interessado naqueles números crescentes no livro-caixa relacionado com o que eles podem comprar: será que, com o comércio e o investimento aumentados, poderemos arcar com a recuperação de nosso sistema de saúde? Poderemos manter nossas promessas de dar um fim à pobreza infantil? Financiar melhor a educação? Construir habitações baratas? Arcar com o investimento em fontes de energia mais limpas? Trabalhar menos, ter mais tempo de lazer? Em resumo, poderemos ter uma sociedade sustentável mais justa e melhor?

Está acontecendo exatamente o contrário.

Como Mulroney foi generoso o bastante para admitir, "o livre comércio é parte de um todo que inclui o GST [Canada's Goods and Services Tax, o imposto sobre bens e serviços do Canadá], a desregulamentação, a privatização e um esforço concentrado para reduzir os déficits, a inflação e as taxas de juros". Estas são precondições internas para participar do jogo do comércio global — um pacote que, considerado em sua totalidade, garante que os números que Mulroney menciona com tanto orgulho pouco façam pelos salários estagnados, as disparidades econômicas e um aprofundamento da crise ambiental.

E quando o crescimento econômico é separado de medidas significativas de progresso social, as pessoas pensantes começam a perder a fé no sistema. Elas começam a fazer perguntas complicadas não somente sobre o comércio, mas também sobre como os economistas medem o progresso e o valor. Por que não podemos medir os déficits ecológicos, da mesma forma que o crescimento econômico? Qual é o custo social real — em cortes na educação, no aumento do número de pessoas sem teto — de todo o pacote de políticas defendido por Mulroney?

Este é o tipo de pergunta que será ouvido em Quebec esta semana. Tais perguntas virão de pessoas como José Bové, o pecuarista cuja campanha não é contra o McDonald's, mas contra um modelo agrícola que vê o alimento puramente como uma mercadoria industrial em vez de encará-lo como o centro da cultura nacional e da vida familiar. Elas virão de trabalhadores do setor da saúde que questionam um sistema de comércio que protege as patentes para medicamentos contra Aids com mais vigor do que defende milhões de vidas humanas. Elas virão de universitários, que pagam mais por sua educação "pública" a cada ano, enquanto suas escolas são invadidas por anúncios publicitários e seus departamentos de pesquisa estão sendo privatizados por estudos comercialmente patrocinados.

O slogan As Pessoas Antes dos Lucros é desprezado pelos defensores do livre comércio por irrelevante, mas resume muito bem o sentimento que perpassa as campanhas que estão convergindo em Quebec. O argumento em favor de uma união rápida à Área de Livre Comércio das Américas é baseado em uma crença ideológica inabalável de que o que é bom para os negócios será bom para todos... um dia. Mesmo que este argumento dúbio seja verdadeiro, o tempo considerado é inaceitável. De acordo com o diretor do Banco do México, à taxa atual de crescimento econômico, em seis anos o México dobrará sua renda *per capita* e dará fim a sua pobreza extrema.

O que os manifestantes estão dizendo é que a dignidade humana e a sustentabilidade ambiental são importantes demais para que sejam pacientemente pedidas como chuva durante uma seca. Não devem ser efeitos colaterais retardados, mas os fundamentos de nossa política econômica.

Devemos reconhecer que os manifestantes estão resistindo à pressão para que apresentem uma alternativa universal para o livre comércio; eles defendem o direito à genuína diversidade global e à autodeterminação. Em lugar de uma solução, são milhares, se traduzindo lentamente em um modelo econômico alternativo. Em Cochabamba, na Bolívia, significa insistir em que a água não é uma mercadoria, mas um direito humano, mesmo que isso implique livrar-se do conglomerado internacional da água Bechtel. Na Colúmbia Britânica, significa as First Nations e as comunidades rurais não nativas exigindo o direito de gerir as "florestas comunitárias", combinando extração seletiva de madeira, turismo e indústria local, em vez de dar permissão a multinacionais para a extração da madeira em fazendas industriais. No México e na Guatemala, significa fazendas de café cooperativas que garantem um salário justo e a diversidade ecológica.

Alguns defensores do livre comércio dizem que, se os manifestantes em Quebec fossem sérios, eles estariam do outro lado da cerca de tela que foi erguida para proteger os delegados e que agora divide fisicamente a cidade. Dizem que os manifestantes deviam negociar educadamente acordos laterais sobre questões como trabalho, democracia e padrões ambientais.

Mas, treze anos depois do primeiro acordo de livre comércio com os Estados Unidos, não são os detalhes do acordo da Alca (ainda não temos conhecimento deles), mas o próprio modelo econômico que está sendo atacado — os números simplesmente não fazem sentido.

Exibindo sua habitual diplomacia, o primeiro-ministro Jean Chrétien disse na semana passada ao jornal *Le Devoir* que milhares estão chegando a Quebec para "protestar e blablablá". É exatamente o contrário. Eles estão vindo a Quebec para protestar porque estão cansados do "blablablá".

PÓS-ESCRITO DEPOIS DE 11 DE SETEMBRO

O artigo seguinte foi redigido oito meses depois da reunião de Quebec. Foi incluído aqui porque, após os ataques em Nova York e Washington, os compromissos para um comércio maior tornaram-se ainda mais fortes.

Em nome da luta contra o terrorismo, os Estados Unidos estão exigindo que o Canadá aperte drasticamente a segurança em suas fronteiras, bem como abra mão de grande parte do seu controle, deixando-as nas mãos de policiais americanos. O Canadá não poderia estar em situação pior para negociar: por força do livre comércio, 87% de nossas exportações vão para os EUA e quase metade de nossa economia é agora diretamente dependente de uma fronteira aberta.

Muitos canadenses vêem alguma integração de fronteira como o preço inevitável de proteção à relação comercial de setecentos bilhões de dólares anuais com os Estados Unidos. Mas não se está pedindo aos canadenses apenas que desistam do controle sobre a fronteira. Estão nos pedindo que cedamos boa parte dos dividendos econômicos de anos de austeridade econômica. O "orçamento de segurança" do ministro das Finanças Paul Martin, entregue em 10 de dezembro, lança 1,2 bilhão de dólares diretamente na fronteira. Parte deste valor é destinado a proteger canadenses dos terroristas, mas grande parte dele deve ser visto pelo que é: um novo subsídio público para corporações multinacionais.

Quando os canadenses aceitaram os cortes na saúde, no seguro-desemprego e em outros programas sociais, ouvimos que essa austeridade era necessária para atrair investidores estrangeiros. Não estávamos trocando nossos programas sociais pelo livre comércio, disseram os defensores — ao contrário, somente o livre comércio pode gerar o tipo de prosperidade necessária para reconstruir nossos programas sociais.

Mas há um problema. Quando os canadenses estavam começando a pensar em gastar parte de nossa recente prosperidade nacional em novos programas, soube-se que o superávit orçamentário não será usado para tornar as pessoas mais seguras. Ele será usado para tornar o comércio mais seguro, para "manter nossas fronteiras abertas", como disse Martin.

Os frutos do comércio interfronteiras estão voltando para a própria fronteira: para torná-la uma superfronteira de combate ao terrorismo e de fluxo comercial. Estamos prestes a ter "a mais moderna fronteira do mundo", entusiasma-se Martin. Este é o legado de todos os anos de aperto dos cintos: não uma sociedade melhor, mas uma fronteira realmente maior.

A idéia é criar cruzamentos de fronteira múltiplos que sejam ao mesmo tempo abertos para os negócios e fechados para pessoas "indesejadas". Não é uma tarefa fácil, uma vez que a migração de pessoas e bens tende a estar inter-relacionada.

É por isso que o plano de Martin de abrir e fechar as fronteiras ao mesmo tempo é tão caro: 395 milhões de dólares para fiscalizar refugiados e imigrantes, 58 milhões para tornar a fronteira mais fácil aos que viajam com freqüência a negócios, 500 milhões para dar uma dura nos imigrantes ilegais, 600 milhões durante seis anos para melhorar o fluxo do tráfego.

Vejamos agora a ironia. Supõe-se que o livre comércio reduz os custos do transporte de bens através de fronteiras, estimulando assim novos investimentos. Agora nos tornamos tão dependentes do comércio (e os EUA, muito desconfiados de nossa capacidade de policiar a nós mesmos) que estamos gastando centenas de milhões de dólares só para manter o fluxo de comércio.

Visto de outra forma, os custos que antes eram absorvidos pelo setor privado na forma de impostos e tarifas de exportação e importação foram transferidos aos contribuintes na forma de custos de segurança. As fronteiras, promessa de tanta prosperidade, estão se transformando num ralo econômico.

Annette Verschuren, presidente da Home Depot Canada, aplaudiu o orçamento de segunda-feira dizendo: "Dependemos das fronteiras para garantir que nossos bens cheguem às lojas, e qualquer coisa que acelere isso reduz nossos custos."

Será que os novos custos de segurança são um preço inevitável a ser pago pela estabilidade econômica? Talvez. Mas eles devem pelo menos mandar uma mensagem de cautela a nossos políticos que estão pressionando para expandir o Acordo de Livre Comércio da América do Norte para todo o hemisfério.

O livre comércio já está cobrando um pesado tributo a nossos programas sociais e a nossa capacidade de fazer uma política soberana de imigração e refugiados. Agora nos custa bilhões em dólares em segurança. Será que podemos pelo menos parar de chamá-lo de "livre"?

Cercas mais altas na fronteira

Trabalhadores migrantes sabem que quando as barreiras ao comércio caem, crescem as barreiras às pessoas

Novembro de 2000

Quando a candidata de direita Betty Granger, da Aliança Canadense, usou a expressão "invasão asiática" na semana passada, foi um retorno à retórica do "perigo amarelo" da Segunda Guerra Mundial e ela foi obrigada a renunciar. Mas houve outra pérola de sabedoria da candidata no mesmo discurso, que passou despercebida pela maioria. Ao se referir aos barcos de imigrantes chineses apreendidos na costa da Colúmbia Britânica, ela disse: "Percebeu-se que o que estava chegando nesses barcos não era a melhor clientela que se poderia querer para este país."

Clientela. Não tem o mesmo tom xenófobo de "invasão asiática"; na verdade, parece decididamente clínico. Mas pode ser mais perigoso, especialmente porque é uma idéia que não está relegada à margem do partido da aliança, mas repousa no centro do debate sobre a imigração.

Em países ricos como o Canadá, freqüentemente falamos de trabalhadores migrantes como "clientes", enquanto nosso país, com seu sistema de saúde pública e mercado de trabalho razoavelmente saudável, é o produto que esses clientes gostariam de comprar. Uma vez que há milhões de migrantes comprando por aí, podemos indagar, como fez Granger, se eles são "os melhores" clientes disponíveis.

"Betty Granger apenas expressou abertamente uma idéia falsa, porém dominante, sobre os imigrantes, que é a de que são pessoas que devem ser servidas", disse Fely Villasïn, coordenador do grupo de defesa Intercede for the Rights of Domestic Workers, Caregivers and Newcomers.

A verdade é que a migração em massa não é uma forma de compras na terra natal: é o outro lado da política de livre comércio que nosso governo busca com tanta diligência. As pessoas não hipotecam seu futuro atirando-se em barcos enferrujados porque estão no mercado para simplesmente melhorarem ainda mais seu padrão de vida. Elas fazem isso porque as mudanças em sua terra natal as deixaram sem emprego, sem terra, sem opções.

Pode ter sido uma guerra ou um furacão. Mas pode ter sido também uma mudança menos drástica: fazendas convertidas em fábricas de exportação ou plantações industriais, ou alagadas por megarrepresas. Na semana passada, Nelson Mandela apresentou um relatório revelando o impacto global de megarrepresas, projetos tradicionalmente vistos pelo Banco Mundial como precondições necessárias para se unir à economia global. O relatório, publicado pela Comissão Mundial de Represas, revelou que os projetos estavam aumentando drasticamente o fluxo migratório — 1,2 milhão de pessoas se deslocariam só devido à represa Três Gargantas, na China.

Os habitantes obrigados a deixar suas terras por causa de represas e outros esquemas de desenvolvimento mudam-se para as cidades, e também entram em barcos destinados a outros países. Quando o Canadá brigou por mais oportunidades de investimento para nossas empresas de energia, todos os canadenses tornaram-se cúmplices desse deslocamento em massa de pessoas — expulsas pela própria globalização neoliberal.

Mas os trabalhadores migrantes, que agora somam de 70 a 85 milhões em todo o mundo, são mais do que o efeito colateral não visto do "livre comércio". Uma vez expulsos, voltam a entrar no livre mercado não mais como clientes, mas como mercadorias, vendendo a única coisa que lhes restou: seu trabalho.

Ouvimos que nosso governo defende um campo de jogo nivelado no comércio internacional de mercadorias. Temos defendido a Organização Mundial do Comércio, e estamos liderando a recomendação de expansão do Acordo de Livre Comércio da América do Norte para as Américas Central e do Sul. Lutamos pelo princípio de tratar as empresas estrangeiras como as nossas próprias: sem subsídios nacionais injustos, sem regulamentações extras, sem condições ligadas ao investimento.

Mas quando a mercadoria que atravessa as fronteiras é mão-de-obra, tais proteções e princípios desaparecem. A cada ano, aproximadamente duzentos mil trabalhadores migrantes chegam ao Canadá para trabalhar como faxineiros, costureiras, babás e lavradores sazonais de baixos salários. E no entanto nosso governo tem se recusado terminantemente a ratificar a Convenção Internacional de Proteção aos Direitos de Todos os Trabalhadores Migrantes e Membros de suas Famílias, um acordo que os protegeria da discriminação.

Em vez disso, temos o Live-In Caregiver Program, que defende um tratamento desigual para empregadas domésticas e babás que vêm para o Canadá e moram na casa de seus empregadores. Sob o programa, os migrantes devem trabalhar em horário integral sem *status* de imigrante definido ou proteções trabalhistas básicas por 24 meses durante um período de três anos. Somente depois de cumprir a cota de trabalho podem requerer residência. Do contrário, são deportados.

Como vivem no próprio local de trabalho, fazem muita hora extra não-remunerada e o abuso sexual é comum. Mas como seu *status* de imigrantes depende da manutenção desses empregos, a maioria dos trabalhadores não costuma dar queixa.

De uma forma orwelliana, as corporações têm adotado inteiramente a linguagem dos direitos humanos: a Wal-Mart e a Exxon, transportando cargas através de fronteiras, exigem "tratamento igual e justo" e "cláusulas de não-discriminação". Enquanto isso, os seres humanos são cada vez mais tratados como carga, sem direito algum.

Betty Granger disse que os migrantes que vêm para o Canadá "não são a melhor clientela". De fato, os canadenses é que são a clientela para a mão-de-obra migrante barata: nós a compramos para nossas casas, nossas fazendas, restaurantes e fábricas. Somente quando nos dermos conta que já estamos participando desse livre comércio de pessoas – e não generosamente abrindo nossas fronteiras às necessidades do mundo – é que os migrantes receberão a proteção que é seu direito humano.

Fazendo — e quebrando — as regras

Sr. Primeiro-ministro, não somos antiglobalização, somos os verdadeiros internacionalistas

Outubro de 2001

Em setembro de 2001, o presidente da União Européia e primeiro-ministro belga Guy Verhofstadt escreveu uma carta aberta ao movimento "antiglobalização". "Suas preocupações como antiglobalistas são extremamente válidas", disse na carta, "mas para encontrar as soluções corretas para essas questões válidas precisamos de mais globalização, e não de menos. Este é o paradoxo da antiglobalização. A globalização pode, afinal, servir à causa do bem tanto quanto pode servir à causa do mal. O que precisamos é de uma abordagem ética global ao meio ambiente, às relações trabalhistas e à política monetária. Em outras palavras, o desafio que enfrentamos hoje não é o de como frustrar a globalização, mas de como dar a ela um fundamento ético." (Para ler a carta do primeiro-ministro na íntegra, ver www.premier.fgov.be/topics/press/e_press23.html.)

Depois de inflamar uma controvérsia considerável, Verhofstadt convocou a "Conferência Internacional sobre Globalização" em Ghent, na Bélgica, e convidou vários oradores, inclusive Naomi Klein, para responder a essa carta. Este é o discurso (um pouco ampliado) feito durante o evento.

Primeiro-ministro Verhofstadt,

Obrigada por sua carta aos "manifestantes antiglobalização". É extremamente significativo que o senhor tenha iniciado tal debate público. Devo admitir que nos últimos anos acostumei-me a algo mais partindo dos líderes mundiais: ser rejeitada como parte de um circo itinerante marginal ou convidada para negociações a portas fechadas que não implicam nenhum compromisso.

Comecei a pensar que marginalização e cooptação eram as únicas opções disponíveis aos críticos da globalização. Ah, e a criminalização. São três opções. Os verdadeiros debates sobre tais questões — a discussão aberta de diferentes visões de mundo — são extremamente raros entre o gás lacrimogêneo e as falsas atitudes.

Mas hoje talvez não haja tantos manifestantes antiglobalização aqui como eu gostaria, Sr. Primeiro-ministro. Acho que isso se deve em parte a que muitos do movimento não nos vêem como seus representantes. Muitos estão cansados de ver alguém falando em nome deles. E exigem uma forma mais direta de participação política.

Há também muito debate sobre os propósitos deste movimento. Por exemplo, faço uma forte objeção a sua expressão "antiglobalização". A meu ver, faço parte de uma rede de movimentos que está lutando não contra a globalização, mas por democracias mais profundas e mais sensíveis, local, nacional e internacionalmente.

Esta rede é tão global quanto o capitalismo. E não, não é um "paradoxo", como o senhor afirmou.

É hora de parar de combinar princípios básicos de internacionalismo e inter-relação – princípios a que só se opõem os luditas e os nacionalistas estritos – com um modelo econômico específico que é altamente contestável. Não é o mérito do internacionalismo que está em questão. Todos os militantes que conheço são internacionalistas ferrenhos. Em vez disso, questionamos a internacionalização de um único modelo econômico: o neoliberalismo.

Se tivermos debates autênticos como este, o que chamamos de "globalização" deve ser remodelado não como um estágio inevitável da evolução humana, mas como um processo profundamente político: um conjunto de opções deliberadas, discutíveis e reversíveis sobre como globalizar.

Parte da confusão sobre o que queremos dizer quando falamos em "globalização" vem do fato de que esse modelo econômico em particular tem uma tendência a tratar o comércio não como parte do internacionalismo, mas como a infra-estrutura completa dele. Ele gradualmente suga todo o resto – a cultura, os direitos humanos, o meio ambiente, a própria democracia – para dentro dos perímetros do comércio.

Quando debatemos este modelo, não estamos discutindo os méritos de comerciar bens e serviços através de fronteiras, mas os efeitos da profunda corporativização em todo o mundo; o modo como "o bem comum" está sendo transformado e rearranjado – eliminado, privatizado, desregulamentado — em nome da participação e da competição no sistema de comércio global. O que está sendo elaborado na OMC não são regras para o comércio, mas um modelo para um governo universal, uma espécie de "McRegra". E é este modelo que está sendo discutido.

Depois do 11 de setembro, os americanos se dispuseram a ver mais de perto como seus hospitais, correios, aeroportos e sistemas de abastecimento de água lutam para lidar com uma ameaça terrorista que pode atingir o setor público. E à medida que milhões perdem seus empregos, muitos mais estão aprendendo que a rede de segurança social não existe mais para pegá-los — outro compromisso feito em nome do comércio. No Canadá, estamos atualmente fazendo o compromisso definitivo: o controle sobre fronteiras em troca do livre comércio contínuo com os Estados Unidos.

Centenas de milhares estão indo às ruas que cercam reuniões de comércio não porque são contra o comércio em si, mas porque a verdadeira necessidade de comércio e investimento está sistematicamente sendo utilizada para destruir os princípios do autogoverno. "Governe da nossa maneira ou retire-se" parece ser o que passa por multilateralismo na era neoliberal.

À medida que descobrimos as vulnerabilidades desse modelo econômico, será que seremos capazes de aprender com nossos erros, de comparar esse modelo com seus objetivos declarados e perguntar se os compromissos têm sido válidos? Parece que não. A resposta dos políticos desde 11 de setembro tem sido invariável:

cortes de impostos para empresas e serviços ainda mais privatizados, nos Estados Unidos e em todo o mundo.

Um dos principais itens da agenda da reunião do mês que vem [novembro de 2001] da Organização Mundial do Comércio é o Acordo Geral de Comércio em Serviços, o acordo lateral que firmemente promove mais acesso ao mercado aos serviços públicos, inclusive assistência médica, educação e abastecimento de água. Ele também restringe a capacidade dos governos de criar e impor o cumprimento de padrões ambientais e de saúde.

Mas os países precisam comercializar, diz o senhor, particularmente os países pobres, e para ter comércio é preciso ter regras. É claro. Mas por que não formar uma arquitetura internacional fundada nos princípios de transparência, responsabilidade e autodeterminação, que liberte as pessoas em vez de liberar capital?

Isso significaria impor o cumprimento daqueles direitos humanos fundamentais que tornam possível a autodeterminação, como o direito de formar sindicatos comerciais independentes, através da Organização Internacional do Trabalho (OIT). Significaria eliminar as políticas que sistematicamente mantêm as democracias agrilhoadas: dívidas, programas de ajuste estrutural, privatização imposta. Também significaria cumprir as promessas há muito feitas de reforma agrária e reparações à escravidão. As regras internacionais podiam ser elaboradas para tornar a democracia genuína e fortalecer em vez de parecerem expressões vazias de significado.

Sem dúvida o senhor concorda com esse sentimento, Sr. Primeiro-ministro. Na verdade, lendo sua carta, fui surpreendida pela semelhança entre nossos objetivos declarados. O senhor pede "uma abordagem ética global ao meio ambiente, às relações trabalhistas e à política monetária". Eu também quero essas coisas. Assim, a verdadeira questão é saber por que estamos aqui, então... O que vamos debater?

Infelizmente, o que debater e o que deve ser debatido, ou jamais haveria paz fora das reuniões, é a trajetória. Não as palavras, mas as realizações. Não as boas intenções — estas nunca faltaram —, mas os fatos cruéis e agravantes: estagnação salarial, aumentos drásticos na disparidade entre ricos e pobres e a erosão de serviços básicos em todo o mundo.

Apesar da retórica de abertura e liberdade, vemos cercas novas e mais altas sendo erguidas constantemente: em torno dos centros de refugiados no deserto australiano, em torno de dois milhões de cidadãos americanos nas prisões, em torno de continentes inteiros como a América do Norte e a Europa em fortalezas, enquanto a África é deixada do lado de fora. E, é claro, as cercas que são erguidas toda vez que os líderes mundiais se encontram para fazer uma reunião.

Espera-se que a globalização trate de abertura e integração globais, e todavia nossas sociedades estão se tornando mais fechadas, mais guardadas, exigindo ainda mais segurança e força militar apenas para manter o injusto *status quo*.

Espera-se também que a globalização trate de um novo sistema de igualdade entre as nações. Estamos nos reunindo e concordando em viver de acordo com as mesmas regras, ou assim estão dizendo. Mas agora é mais evidente do que nunca que os grandes jogadores ainda estão ditando as regras e impondo seu cumprimento, com freqüência impondo a qualquer um exceto a eles mesmos — seja em subsídios agrícolas e siderúrgicos ou em tarifas de importação.

Agora é impossível evitar essas desigualdades e assimetrias, sempre em ebulição sob a superfície. Muitos países que atravessaram ou vão atravessar crises econômicas — a Rússia, a Tailândia, a Indonésia e a Argentina, para citar apenas alguns — teriam apreciado a recente intervenção extrema do governo para salvar a economia americana, em vez da austeridade prescrita pelo FMI. O governador da Virgínia explicou os cortes de impostos e medidas de subsídio nos EUA dizendo que a recessão americana "não é uma baixa econômica rotineira". Mas o que é que torna uma queda econômica extraordinária, precisando de um generoso estímulo, em vez de "rotineira", requerendo austeridade e um remédio amargo?

O mais surpreendente dessas recentes demonstrações desafiadoras de tendenciosidade relaciona-se com as patentes de medicamentos. De acordo com as regras da Organização Mundial do Comércio, os países são livres para quebrar patentes de medicamentos essenciais quando há uma emergência nacional. Todavia, quando a África do Sul tentou fazer isso com medicamentos contra a Aids, enfrentou um processo judiciário dos grandes laboratórios farmacêuticos. Quando o Brasil tentou fazer o mesmo, foi arrastado para os tribunais da OMC. Milhões que vivem com Aids ouviram que sua vida importava menos que as patentes de drogas, menos que o repagamento da dívida, ouviram que simplesmente não havia dinheiro para salvá-los. O Banco Mundial disse que era hora de focalizar na prevenção, e não na cura, o que foi o equivalente a uma sentença de morte para milhões.

Entretanto, no início deste mês, o Canadá decidiu ignorar a patente da Bayer para o Cipro, o antibiótico preferencial no tratamento do antraz. Encomendamos um milhão de comprimidos de uma versão genérica. "São tempos extraordinários e incomuns", disse um porta-voz da Health Canada. "Os canadenses esperam e exigem que seu governo tome as medidas necessárias para proteger sua saúde e sua segurança." Devemos observar que o Canadá ainda não diagnosticou um único caso de antraz.

Embora a decisão tenha sido revertida mais tarde, depois que a Bayer reduziu seus preços, havia a mesma lógica em funcionamento: quando se trata de países ricos, as regras servem apenas para os outros. A vulnerabilidade à teoria econômica abstrata tornou-se o grande divisor de classes. Os países ricos e poderosos parecem ser capazes de escolher quando seguir as regras, mas as nações pobres ouvem que as ortodoxias econômicas devem governar cada movimento seu, que elas devem ficar à mercê de uma ideologia de livre mercado que até seus arquitetos desconsideram quando ela não se mostra conveniente. Os países pobres que colocam as necessidades de seus cidadãos acima das exigências de investidores estrangeiros são caluniados como protecionistas e até comunistas. Entretanto as políticas protecionistas que estimularam a Revolução Industrial britânica eram tão extremas, que era ilegal sepultar um corpo sem primeiro provar que a mortalha funerária havia sido tecida em um moinho britânico.

O que isso tem a ver com o nosso debate? Com demasiada freqüência, fingimos que as desigualdades persistem e se aprofundam somente por causa de idiossincrasias nacionais, ou porque não temos o direito de estabelecer as regras, a fórmula perfeita, como se as desigualdades fossem pouco mais que algum erro cósmico, ou uma irregularidade em um sistema que deveria estar funcionando. O que está sempre fora de discussão é a questão do poder. Tantos debates que temos sobre a teoria da globalização são na verdade sobre poder: quem o detém, quem o exerce e quem o encobre, dando a entender que isso não tem importância.

Mas não é mais suficiente dizer que a justiça e a igualdade estão próximas e não oferecem nada exceto boas intenções. Estamos atravessando um período de enorme prosperidade econômica, uma época de expansividade e fartura, quando as contradições essenciais neste modelo econômico deviam ter sido tratadas. Agora estamos entrando em um período de contração, e sacrifícios maiores estão sendo pedidos daqueles que já se sacrificaram demais.

Será que realmente esperamos ser apaziguados pela promessa de que nossos problemas serão resolvidos com mais comércio? Proteções mais rígidas de patentes de medicamentos e mais privatização? Os globalizadores de hoje são como médicos com acesso a uma única droga: qualquer que seja a doença – pobreza, migração, mudança climática, ditaduras, terrorismo –, o remédio é sempre mais comércio.

Sr. Primeiro-ministro, não somos antiglobalização. Na verdade, estamos atravessando nosso próprio processo de globalização. E é precisamente por causa da globalização que o sistema está em crise. Sabemos demais. Há comunicação e mobilidade populares demais para que o abismo seja fechado. Não só o abismo entre ricos e pobres, mas também entre retórica e realidade. Entre o que é dito e o que é feito. Entre a promessa da globalização e seus efeitos reais. É hora de fechar o abismo.

O mercado engole o bem comum

[Em que o acesso a alimentos seguros,
água limpa e habitação é impedido –
e o anticapitalismo torna-se
o novo grande lance de marketing]

Arroz geneticamente modificado

Não se pode comer relações públicas

Agosto de 2000

"Esse arroz pode salvar um milhão de crianças por ano." Esta foi a manchete impressionante na capa da revista *Time* da semana passada. Referia-se ao arroz dourado, uma nova variedade de grão geneticamente modificado pronta para o mercado contendo beta-caroteno extra, que ajuda o corpo a produzir vitamina A. Em toda a Ásia, milhões de crianças desnutridas sofrem de deficiência de vitamina A, que pode levar à cegueira e à morte.

Para tirar sua suposta cura milagrosa do chão, a AstraZeneca, a empresa que possui os direitos de venda do arroz dourado, ofereceu doar os grãos a agricultores pobres em países como a Índia, onde as safras geneticamente modificadas ainda encontram uma resistência feroz.

É possível que o arroz dourado possa melhorar a saúde de milhões de crianças. O problema é que não há forma de separar esse apelo emocional poderoso (e a ciência limitada ligada a ele) do contexto político de grande apelo em que a promessa está sendo feita.

Os alimentos geneticamente modificados, originalmente recebidos com endossos de governos e indiferença do público, rapidamente se tornaram um repositório internacional de ansiedade sobre qualquer coisa, de segurança a ciência financiada por corporações e cultura privatizada. Os oponentes argumentam que os padrões atuais de teste não levam em conta a complexa teia de inter-relações que há entre os seres vivos. A soja alterada, por exemplo, pode parecer segura em um ambiente de teste controlado, mas como afetará, uma vez que se desenvolva na natureza, as ervas daninhas a seu redor, os insetos que se alimentam nelas e as safras que polinizam com elas?

O que as empresas de agronegócios parecem não perceber é que a luta tem sido uma batalha das marcas e de estudos científicos antagônicos. No início, os militantes decidiram dirigir sua crítica não ao agronegócio em si, mas aos supermercados que lançam produtos com a sua marca e empresas de bens embalados que vendem produtos contendo "comida Frankenstein".

Com imagem de sua marca embaçada, os supermercados britânicos começaram a retirar produtos de suas prateleiras, e empresas como a Gerber e a Frito-Lay passaram a ser livres de componentes geneticamente modificados. Nos Estados Unidos e no Canadá, os ambientalistas voltaram sua pontaria para a Kellogg's e a Campbell's Soup, parodiando seus logos cuidadosamente criados e suas campanhas publicitárias dispendiosas.

No princípio, as empresas de agronegócios não conseguiram pensar em como responder. Mesmo que pudessem argumentar que seus alimentos geneticamente alterados não tinham efeitos prejudiciais, eles não podiam apontar para nenhum benefício direto. Assim, surgiu a questão: Por que se arriscar? E é aí que entra o arroz dourado. A AstraZeneca agora tem um benefício a apontar — para não mencionar uma marca poderosa para lutar na guerra de marcas.

O arroz dourado tem todos os bons ingredientes de uma marca forte. Primeiro, é dourado, como em *retrievers* dourados e cartões-ouro e poentes dourados. Segundo, ao contrário de outros alimentos geneticamente modificados, não está ligado a medonhos genes de peixe, mas combinado com narcisos banhados de sol. Mas antes que adotemos a engenharia genética como a salvadora dos pobres do mundo, acho que é prudente esclarecer que problema está sendo resolvido aqui. É a crise de desnutrição ou a crise de credibilidade que aflige a biotecnologia?

A verdade enfadonha é que já temos as ferramentas para salvar muito mais que um milhão de crianças por ano — e tudo sem mudar irrevogavelmente a constituição genética de gêneros alimentícios. O que nos falta é vontade política para mobilizar esses recursos. Essa foi a mensagem clara que surgiu da recente reunião do Grupo dos Oito em Okinawa. Uma após outra, as maiores nações industriais derrubaram propostas concretas que tinham como objetivo reduzir a pobreza no mundo em desenvolvimento. Como relatou *The Globe and Mail*, eles recusaram "uma proposta canadense para fomentar o desenvolvimento em dez por cento, derrubaram a idéia do Japão de estabelecer um fundo G-8 para combater doenças infecciosas e rejeitaram a abertura de seus mercados a bens agrícolas de países em desenvolvimento no prazo de quatro anos". Eles também "disseram não a um novo plano para antecipar cem bilhões de dólares em relaxamento da dívida aos países mais pobres". [Ainda mais vigorosa foi a reunião de junho de 2002 da Organização de Agricultura e Alimentação das Nações Unidas em Roma. A meta ambiciosa da reunião era reduzir o número de famintos à metade; de oitocentos milhões para quatrocentos milhões até 2015. Entretanto, dos 29 países mais ricos, somente dois mandaram chefes de Estado a Roma, e um deles era a Itália, cujo líder já estava na cidade.]

Também há muitas soluções de baixa tecnologia para a deficiência de vitamina A que foram omitidas. Já existem programas para estimular o desenvolvimento de vegetais diversos, ricos em vitamina, em pequenos lotes de terra. Todavia a ironia desses programas (que recebem pouco apoio internacional) é que sua tarefa não é inventar uma nova fonte atraente de alimentos no estilo ficção científica. É desfazer alguns danos criados na última vez em que empresas e governos ocidentais venderam uma panacéia agrícola ao mundo em desenvolvimento.

Durante a chamada Revolução Verde, pequenos agricultores, desenvolvendo uma grande variedade de safras para alimentar suas famílias e comunidades locais, foram estimulados a mudar para a agricultura industrial orientada para a exportação. Isso significou safras únicas e de alta produtividade, produzidas em larga escala. Muitos camponeses, agora à mercê de preços voláteis de mercadorias e afundados em dívidas para com as empresas de sementes, perderam suas terras e mudaram-se para as cidades. No campo, enquanto isso, a desnutrição grave existe junto com "safras industriais" florescentes como de banana, café e arroz. Por quê? Porque na dieta das crianças, como nos campos, diversos alimentos foram substituídos pela monotonia. Uma tigela de arroz branco é almoço e jantar.

Que solução as gigantes do agronegócio estão propondo? Não é repensar a agricultura de monocultura e encher a tigela com proteínas e vitaminas. Elas querem agitar outra varinha mágica e pintar a tigela branca de dourado.

Poluição genética

Com sementes alteradas sendo carregadas de um campo a outro, logo será impossível que qualquer alimento tenha o rótulo "sem organismos geneticamente modificados"

Junho de 2001

Nos corredores do supermercado gigante Loblaws, entre frascos de molho President's Choice Memories of Kobe e macarrão Memories of Singapore, há um novo produto especial: rótulos escurecidos em alimentos orgânicos. Essas caixas costumavam trazer os dizeres "Sem organismos geneticamente modificados", mas depois a maior cadeia de alimentos do Canadá decretou que tais rótulos não eram mais permitidos.

À primeira vista, essa decisão não parece fazer sentido do ponto de vista mercadológico. Quando os primeiros protestos contra a comida Frankenstein chegaram à Europa, cadeias como a Tesco e a Safeway se engalfinharam para satisfazer a demanda do consumidor rotulando suas linhas de produto "sem OGM". E quando a Loblaws entrou no mercado de comida saudável com sua linha de produtos President's Choice Organics, parecia estar seguindo o mesmo caminho. Na publicidade, a empresa orgulhosamente apontou que os produtos orgânicos certificados "devem ser livres de organismos geneticamente modificados".

Então a mudança radical tornou-se pública na semana passada: não somente a Loblaws não fará declarações de sem OGM em suas embalagens, ela não permitirá que ninguém mais faça a declaração. Executivos da empresa disseram que simplesmente não há como saber o que é verdadeiramente sem OGM — aparentemente, tudo está confuso demais.

Mais de noventa por cento dos canadenses disseram em uma pesquisa que querem rótulos indicando se a constituição genética de seus alimentos foi alterada, mas Galen Weston, presidente do conselho das Loblaws Companies, alertou publicamente que "haverá um custo associado" a esta iniciativa. Isso, em parte, explica os rótulos escurecidos: se a Loblaws portasse produtos orgânicos com rótulos "sem OGM", seria difícil explicar por que a empresa não está informando os consumidores quando o alimento *contém* ingredientes geneticamente modificados, como é o caso de aproximadamente setenta por cento dos alimentos canadenses. Assim, a loja teve de fazer uma escolha brutal: em vez de dar aos consumidores parte da informação que eles exigem, não fornecerá informação nenhuma.

E isso é somente uma salva de tiros em uma guerra mantida pelo setor de agronegócios sobre a escolha do consumidor no debate da engenharia genética — não somente no Canadá, mas potencialmente em todo o mundo. Diante de 35 países que criaram, ou estão criando leis que prescrevem os rótulos OGM, a indústria parece estar fazendo de tudo para tornar esses rótulos europeus e asiáticos tão obsoletos quanto aqueles que foram arrancados na Loblaws. Como? Poluindo mais rápido do que os países podem legislar.

Por exemplo, uma das empresas obrigadas a remover seus rótulos é a Nature's Path, uma empresa de alimentos orgânicos sediada em Delta, na Colúmbia Britânica. No início deste mês, o presidente da empresa, Arran Stephens, disse ao *New York Times* que o material geneticamente modificado está na verdade abrindo caminho pelas safras orgânicas. "Descobrimos traços no milho que foi cultivado organicamente por dez a quinze anos. Nenhum muro é alto o bastante para conter essas coisas."

Algumas empresas de alimentos orgânicos estão considerando processar o setor de biotecnologia pela contaminação, mas a lei segue no sentido contrário. O agricultor Percy Schmeiser, da província canadense de Saskatchewan, foi processado pela Monsanto depois que suas sementes de canola geneticamente patenteadas foram transportadas para a fazenda do agricultor graças à passagem de caminhões e campos vizinhos. A Monsanto diz que quando as sementes transportadas pelo ar criaram raiz, Schmeiser estava roubando sua propriedade. O tribunal concordou e, dois meses atrás, decidiu que o agricultor deveria pagar vinte mil dólares à empresa, mais custas judiciais.

O caso de contaminação mais conhecido é o do milho StarLink. Depois que a safra geneticamente alterada (destinada a animais e terrivelmente imprópria para consumo humano) ganhou acesso ao fornecimento de alimentos, a Aventis, que possui a patente, propôs a solução: em vez de refazer o milho, por que não aprovar seu consumo para seres humanos? Em outras palavras, mude a lei para que a contaminação seja adequada.

Em todo o mundo, os consumidores estão exercendo um poder político renovado, exigindo opções orgânicas nos supermercados e pedindo a seus governos por uma rotulagem clara de alimentos geneticamente modificados. Entretanto as gigantes do agronegócio — apoiadas por leis de propriedade intelectual predatórias — estão tornando o fornecimento global de alimentos tão irremediavelmente inter-relacionado, contaminado, poluído e misturado que os legisladores bem podem ser obrigados a lavar as mãos. Como diz o crítico da biotecnologia Jeremy Rifkin: "Eles esperam que haja contaminação suficiente para que seja um *fait accompli.*"

Ao vermos este momento, mascando nosso alimento saudável Natural Values™ geneticamente modificado, nossos tacos StarLink aprovados para consumo humano e nosso salmão Atlantic criado em cativeiro e mutado, podemos lembrar disso como o ponto exato em que perdemos nossas verdadeiras opções alimentares. Talvez a Loblaws um dia lance um novo produto engarrafando esse sentimento melancólico: Lembranças da Escolha do Consumidor.

Cordeiros sacrificiais com febre aftosa

A principal meta da matança de gado na Europa é salvar os mercados, e não proteger a saúde pública

Março de 2001

O talibã destrói estátuas de Buda de dois mil anos e nós corretamente sacudimos nossa cabeça: que barbaridade nesses tempos modernos sacrificar imagens esculpidas no altar da pureza religiosa. Entretanto, enquanto Budas são bombardeados no Afeganistão, a União Européia está envolvida em seu próprio ritual de purificação quase bíblico: o sacrifício irascível de dezenas de milhares de animais para aplacar os deuses famintos da economia de livre mercado. Quando ouvi falar pela primeira vez dos animais como cordeiros sacrificiais do capital (foi o ambientalista alemão Mathias Greffrath que me disse isso), pensei que era uma hipérbole. Certamente aquelas encostas estavam ardendo para proteger a saúde pública, e não o valor de mercado da carne ou o futuro acesso ao mercado externo.

Mais de cinqüenta mil animais estão sendo ou já foram mortos na Grã-Bretanha, e outros dez mil estão marcados para morrer. Na Alemanha, onde estive em visita esta semana, mil e quinhentas ovelhas foram exterminadas. Não havia evidência de infecção – simplesmente a possibilidade de que os animais pudessem ter estado em contato com a febre aftosa.

Parte disso, é claro, tem a ver com a saúde. Mas nem tudo. A febre aftosa é de pouco risco para a saúde de seres humanos e não é transmitida pelos alimentos. A doença pode ser curada rapidamente em animais com os medicamentos adequados e quarentena, e em seguida prevenida por vacinação. Foi no mercado que o vírus cobrou seu tributo. E o mercado exige grandes gestos para restaurar a fé em seus sistemas.

E, sem dúvida alguma, um sistema está em julgamento no mais recente alarme alimentar da Europa. Quando um vírus altamente contagioso como o da febre aftosa entra na cadeia alimentar, ele obriga os consumidores a pensar em como nossos alimentos chegam à mesa. Expressões educadas como "integração", "homogeneização" e "agricultura de alta intensidade" de repente adquirem um significado gráfico.

O processo de avaliar a segurança de cada refeição arranca com violência a cortina da embalagem e expõe grandes fazendas industriais e abatedouros, imensos depósitos, as enormes cadeias de supermercados e lanchonetes e a longa distância que os animais e a carne atravessam em caminhões e barcos abarrotados entre cada um destes elos da cadeia de agricultura industrial.

Cada vez mais parece que o que está em questão na Europa é a tirania da "economia de escala" que governa cada aspecto da produção, distribuição e consumo de alimentos. Em cada uma destas áreas, os participantes seguem a fórmula familiar de reduzir seus custos pela consolidação e expansão das operações, em seguida usando sua influência para pressionar fornecedores a atender a suas exigências. Esta receita não apenas prejudica os pequenos agricultores e reduz a variedade dos alimentos disponíveis, como também é uma bomba-relógio quando aparece uma doença. Graças à concentração, o vírus se dissemina rapidamente em um grande número de animais, enquanto a globalização garante que eles sejam transportados a distâncias cada vez maiores.

É por isso que o ministro da Agricultura da Alemanha está falando de novos subsídios para ajudar vinte por cento dos agricultores do país a se tornarem orgânicos. E é por isso que o primeiro-ministro britânico Tony Blair está fazendo uma algazarra sobre afrouxar o aperto aos grandes supermercados. E é também por isso que aqueles que gostariam de passar à frente dos alimentos geneticamente modificados estão sem dúvida observando tudo consternados.

Esse último alarme alimentar bem podia ser a oportunidade decisiva que os que fazem campanha contra a modificação genética estavam esperando. Afinal, o perigo mais imediato imposto pelas safras geneticamente modificadas é a forma como as sementes alteradas são transportadas pelo vento, misturando-a com sementes não modificadas. Todavia tem sido difícil manter o público interessado nesta ameaça sutil e invisível à biodiversidade. É por isso que grupos como o Greenpeace têm se inclinado a focalizar suas campanhas mais nos perigos potenciais à saúde pública, o que, embora mais acessível, é menos científico.

Mas a febre aftosa, que se dissemina pelo ar, fez com que o europeu pensasse em micróbios e vento, em como a cadeia alimentar é interconectada, como é difícil controlar cada partícula, independentemente de seu tamanho, uma vez que tenha entrado no sistema. "Então, seja vegetariano", alguns estão dizendo. "Adote uma dieta orgânica." Os editores do *Financial Times* insistem em que "desacelerar nossa agricultura intensiva é uma reação fácil demais" e propõem mais "opções para o consumidor". De certa forma, duvido que a crise de segurança alimentar na Europa venha a ser resolvida agora com mais marketing de nicho orgânico. Depois de mais de uma década de debates sobre a doença da vaca louca, *E. coli*, organismos geneticamente modificados e agora a febre aftosa, a segurança alimentar está deixando de ser uma questão de saúde, ou um problema do consumidor, e se tornando uma questão econômica, que põe em discussão os pressupostos mais fundamentais da agricultura industrial, segundo a qual o maior é melhor.

Trata-se de fé abalada – na ciência, na indústria, na política, nos especialistas. Os mercados podem estar satisfeitos com seus cordeiros sacrificiais, mas acho que o público exige medidas mais duradouras.

A Internet como reunião de Tupperware

Como os gigantes da mídia estão tentando possuir o compartilhamento de arquivos on-line

Novembro de 2000

Quando os dois maiores executivos da empresa de música BMG Entertainment, sediada em Nova York, demitiram-se no fim de semana, foi revelada uma profunda cisão na forma como as empresas multinacionais vêem a cultura de compartilhamento da Internet. Apesar de todas as tentativas de transformar a rede em um shopping gigante, o *ethos* padrão ainda parece ser anticompras: na Internet, podemos comprar coisas aqui e ali, mas compartilhamos incessantemente — idéias, piadas, informação e, sim, arquivos de música.

Então aqui está a verdadeira controvérsia que desabou na sala de reuniões: seria essa cultura de troca e comércio on-line uma ameaça ao cerne do motor do lucro, ou é uma oportunidade sem precedentes de lucrar, uma chance de transformar o próprio compartilhamento em um instrumento de venda enormemente lucrativo?

Quando, sob o guarda-chuva da Recording Industry Association of America, as cinco maiores gravadoras lançaram um processo contra a Napster, o site de compartilhamento de arquivos de música, elas lançaram sua sorte decididamente no primeiro campo: o compartilhamento de música é roubo de copyright, puro e simples, e deve parar.

Mas na semana passada algo estranho aconteceu: a Bertelsmann, proprietária da BMG Entertainment (uma das cinco empresas por trás do processo da RIAA), fechou um acordo com o Napster (depois das demissões na BMG). As duas empresas lançarão um site de compartilhamento de arquivos onde os fãs de música pagarão uma taxa de associação em troca de acesso à música da BMG. Depois que o acordo entrar em prática, a Bertelsmann se retirará do processo. Na coletiva à imprensa, Thomas Middelhoff, presidente do conselho e diretor executivo da Bertelsmann, se opôs ao processo lançado pela Time Warner e a Sony, que não querem usar a Internet. "É um apelo para que o setor acorde", disse ele.

Então, o que está acontecendo? Estaria a Bertelsmann, um conglomerado de mídia de 17,6 bilhões de dólares (que possui minha editora no Canadá, entre muitas outras coisas) decidida a se unir aos ciber-hippies que proclamam que "a informação quer ser livre"? Duvido completamente disso. É mais provável que a Bertelsmann saiba o que um número cada vez maior de empresas entende: que depois de muitas tentativas fracassadas de usar a Internet como uma ferramenta de vendas diretas, pode ser que o processo de trocar informação seja o uso comercial definitivo da rede.

Os defensores da Napster afirmam que eles não pirateiam CDs, mas trocam música em uma comunidade on-line da mesma forma que uma comunidade de amigos troca fitas gravadas. Eles conhecem e confiam no gosto uns dos outros e, afirmam eles, acabam comprando mais porque tomam conhecimento de mais músicas.

Dizem também que foram levados a criar essa alternativa devido aos preços inflados dos CDs e à alternância horrendamente homogênea da música pop nas emissoras de videoclipes e nas rádios comerciais.

O que está acontecendo em sites como o Napster é uma versão *high-tech* de uma coisa muito antiga: pessoas falando a outras pessoas diretamente sobre o que elas gostam. Isso costumava ser chamado de "boca a boca"; na era da Internet, é chamado de "mouse a mouse". É o fator X que pode criar um verdadeiro fenômeno — como o *Projeto Bruxa de Blair* — e que aparentemente os profissionais de marketing não podem comprar ou controlar — veja a seqüência de *A Bruxa de Blair*.

Ou será que podem? Tentar compreender, sistematizar e utilizar o mais humano de todos os comportamentos (como e por que falamos com os outros) tem se tornado uma espécie de obsessão corporativa. Livros como *O ponto de desequilíbrio*, de Malcolm Gladwell, *The Anatomy of Buzz*, de Emanuel Rosen e *Unleashing the Ideavirus*, de Seth Godin, oferecem explicações semicientíficas de como as idéia se espalham: menos por propaganda do que por pessoas normais que são respeitadas por seus colegas. Gladwell as chama de "conectoras" e "sabidas", Godin de "aspersores" e Rosen de "eixos de rede".

Com base nessa teoria, uma escola de marketing estimula as empresas a tratar os consumidores como se fossem jornalistas ou celebridades: encha-os de coisas gratuitas e observe-os fazer o marketing para você, grátis. Para falar com mais clareza, transforme a antimercadoria definitiva – a comunicação humana, entre amigos, e as comunidades de confiança – em uma transação comercial.

Esta é a ironia da punição do setor de discos sobre a Napster. Ao mesmo tempo que os braços jurídicos das empresas de discos estão batendo em sites de compartilhamento de arquivos, seus braços de marketing estão adotando essas mesmas comunidades on-line como uma possível fonte de relacionamento entre colegas. Elas estão pagando a empresas como a ElectricArtists para divulgar estrategicamente amostras gratuitas de música e videoclipes na esperança de transformar os fãs de música em batalhões de moças da Avon cibernéticas e não pagas.

A própria Bertelsmann usou essas técnicas de "semear on-line" para lançar a artista da BMG Christina Aguilera: a ElectricArtists deu amostras de música a fãs tagarelas de Britney Spears, que depois bombardearam seus amigos on-line com a grande novidade: ela foi clonada!

Quando a Bertelsmann fez um acordo com a Napster na semana passada, estava apostando em um futuro em que compartilhar – quando cuidadosamente controlado por profissionais de marketing – é a "*killer app*", a "aplicação mortal" da Internet: uma rede global de falatório sobre marcas on-line onde comunidades autênticas costumam estar.

A Internet é a reunião gigante da Tupperware. Você está pronto?

Cooptando a dissidência

Como as multinacionais estão "re-marcando" na era pós-Seattle

Maio de 2001

Quando eu tinha dezessete anos, trabalhava, depois da escola, em uma loja de roupas Esprit em Montreal. Era um emprego agradável, que envolvia principalmente dobrar roupas de algodão em pequenos quadrados de pontas tão agudas que seus cantos podiam arrancar um olho. Mas, por alguma razão, a sede corporativa não considerava nossos origamis de camisetas suficientemente lucrativos. Um dia, nosso mundo calmo foi virado de pernas para o ar por uma supervisora regional que tomou de assalto para nos doutrinar na cultura da marca Esprit — e aumentar nossa produtividade. "A Esprit", ela nos disse, "é como um bom amigo."

Eu estava cética, e demonstrei isso. O ceticismo, como rapidamente aprendi, não é considerado um bem no setor de serviço de baixo salário. Duas semanas depois, a supervisora me demitiu por estar de posse da mais detestada característica do local de trabalho: "atitude incorreta". Acho que foi uma das minhas primeiras lições: as grandes corporações multinacionais não são "como um bom amigo", porque bons amigos, embora algumas vezes façam coisas horríveis e prejudiciais, raramente demitem você.

Então fiquei interessada quando, no início deste mês, a agência de publicidade TBWA/Chiat/Day divulgou a nova "identidade de marca" da Shoppers Drug Mart. (Lançamentos de *rebranding* são, em termos corporativos, como nascer de novo.) Ocorre que a cadeia não é mais Tudo o que Você Quer em Uma Drogaria — isto é, um lugar onde você pode comprar as coisas de que precisa; agora é também uma "amiga cuidadosa", que pode assumir a forma de uma cadeia de oitocentas lojas com um orçamento de publicidade de dois milhões de dólares fazendo um buraco em seu bolso.

O novo slogan da Shoppers é Cuide de Si Mesmo, escolhido, de acordo com o criador da campanha Pat Pirisi, porque ecoa "o que um amigo cuidadoso diria". Prepare-se para ouvir isso milhares de vezes por dia de jovens funcionários do caixa enquanto colocam em sacos plásticos seus barbeadores, fio dental e comprimidos de dieta. "Acreditamos que esta é uma posição que a Shoppers pode assumir", diz Pirisi.

Pedir aos funcionários que adotem essa expressão como seu mantra parece um tanto cruel nesta época de McTrabalho informal, inseguro e mal pago. Os trabalhadores do setor de serviços ouvem com demasiada freqüência que cuidem de si mesmos — uma vez que ninguém, e menos ainda seus megaempregadores, se preocupa em cuidar deles.

É uma das ironias de nossa era das marcas que, à medida que as corporações se tornam mais remotas, cortando os laços duradouros conosco como seus funcionários, estão cada vez mais se achegando a nós como consumidores, sussurrando doces futilidades em nossos ouvidos sobre amizade e comunidade. Não é só a Shoppers: a publicidade da Wal-Mart conta histórias de funcionários que, em um aperto, emprestam aos clientes seu próprio vestido de noiva, e a propaganda da Saturn é cheia de vendedores de carros que dão conselhos quando os clientes perdem seu emprego. Como pode ver, de acordo com um novo livro de marketing, *Values Added*, os profissionais de marketing de hoje têm de "fazer de sua marca uma causa e de sua causa uma marca".

Talvez eu tenha uma atitude inadequada, mas esse abraço corporativo coletivo parece quase tão vazio hoje como foi quando eu era uma dobradora de roupas prestes a ser demitida. E em especial quando você deixa de considerar a causa de todo esse entusiasmo produzido em massa.

Ao explicar a nova identidade de marca da Shoppers ao *Financial Post*, Pirisi disse: "Numa época em que as pessoas estão se tornando cada vez mais desconfiadas das corporações — os protestos contra a Organização Mundial do Comércio deixam isso bem claro — e em que o sistema de saúde não é o mais o mesmo, percebemos que tínhamos de dirigir aos clientes uma mensagem sobre parceria."

Mesmo grandes corporações como a Nike, a Shell e a Monsanto começam a enfrentar um crescente escrutínio da sociedade civil — principalmente por colocar os lucros de curto prazo à frente da responsabilidade ambiental e da segurança no emprego —, um setor que cresceu para ajudar essas empresas a reagir. Parece claro, contudo, que muitos no mundo corporativo continuam inteiramente convencidos de que o que todos têm é um "problema de comunicação", que pode ser facilmente resolvido criando-se uma identidade de marca correta com inclinações para o social.

Acontece que essa é a última coisa de que precisamos. A British Petroleum descobriu isso sozinha quando foi obrigada a se distanciar de sua ultrajante campanha de *rebranding*, Além do Petróleo. Compreensivelmente, muitos consumidores interpretaram o novo slogan como se a empresa dissesse que estava se afastando dos combustíveis fósseis em resposta à mudança climática. Os militantes de direitos humanos e ambientalistas, depois de não verem nenhuma evidência de que a BP estava realmente mudando sua política, levaram detalhes constrangedores à reunião anual da empresa sobre a participação da BP em um novo oleoduto controverso que atravessaria áreas problemáticas do Tibete, bem como sua decisão de perfurar no Alaska National Wildlife Refuge. Com o novo slogan sendo parodiado na Internet como Além do Ridículo, funcionários do BP decidiram abandonar a marca Além do Petróleo, embora ainda mantenham o novo logo da flor verde.

Como evidência do estado da confusão corporativa, freqüentemente me vejo solicitada a dar palestras a corporações. Temendo que minhas palavras terminem em alguma campanha publicitária, sempre recuso. Mas posso oferecer este conselho, sem reservas: nada mudará até que as corporações percebam que elas não têm um problema de comunicação. Elas têm um problema com a realidade.

Apartheid econômico na África do Sul

Depois da vitória na luta pela liberdade, as divisões raciais estão sendo substituídas por novos sistemas de exclusão

Novembro de 2001

Sábado à noite, vi-me numa festa em homenagem a Nelson Mandela, cujo objetivo era levantar fundos para ajudar as crianças. Foi uma noite adorável, e só um estraga-prazeres teria comentado que a festa estava cheia de muitos dos executivos de bancos e mineradoras que durante décadas se recusaram a investir na África do Sul do apartheid.

Da mesma forma, somente alguém sem nenhum senso de oportunidade teria mencionado que, quando nosso governo estava fazendo de Mandela cidadão canadense honorário, estava também sancionando uma lei antiterrorismo, a C-36, aprovada na época, que teria sabotado o movimento antiapartheid em várias frentes.

O movimento antiapartheid canadense levantou dinheiro para o Congresso Nacional Africano, o qual facilmente se ajustaria à definição piegas da lei C-36 de uma organização terrorista. Além disso, militantes antiapartheid deliberadamente provocaram "uma séria disrupção" em empresas que investiam na África do Sul, forçando muitas a se retirarem. Essas disrupções teriam sido ilegais com a lei C-36.

Só alguém sem absolutamente nenhuma idéia do que é adequado teria resmungado, entre toda a autocongratulação, que muitos na África do Sul insistem que o apartheid ainda existe e requerem um novo movimento de resistência. Mas, duas semanas atrás, conheci Trevor Ngwane, ex-membro da câmara de vereadores CNA, que disse exatamente isto: "O apartheid baseado na raça foi substituído pelo apartheid baseado na classe."

Confrontado com um país em que oito milhões de pessoas não têm onde morar e quase cinco milhões são HIV-positivas, alguns tentam retratar a profunda desigualdade como um legado triste e inevitável do apartheid racial. Ngwane diz que isso é o resultado direto de um programa econômico específico de "reestruturação", adotado pelo governo atual e estimulado pelo Banco Mundial e pelo FMI.

Quando Mandela foi libertado da prisão, sua visão era a de uma África do Sul que proporcionasse liberdade econômica e democrática. As necessidades básicas de habitação, água e eletricidade seriam atendidas através de grandes programas de obras públicas. Mas quando o poder chegou ao alcance do CNA, escreve o professor sul-africano Patrick Bond em seu novo livro, *Against Global Apartheid*, foi feita enorme pressão sobre o partido para que ele provasse que poderia governar com "políticas que pareciam macroeconômicas". Ficou claro que, se Mandela tentasse uma genuína redistribuição de riqueza, os mercados internacionais puniriam a África do Sul. Muitos dentro do partido compreensivelmente temiam que uma desintegração seria usada como um sinal claro não apenas da incompetência do CNA, mas do próprio regime negro.

[Este temor foi confirmado mais recentemente. Em julho de 2002, o CNA estava tentando aprovar uma nova lei que diversificaria o acesso à enorme riqueza mineral da África do Sul, agora concentrada nas mãos de algumas multinacionais mineradoras de propriedade de brancos. Os grandes investidores neste setor se rebelaram contra o plano e ameaçaram se retirar do país. Jonathan Oppenheimer, chefe de relações públicas da gigante dos diamantes De Beers, disse que a lei "eliminaria a África do Sul como um destino de investimentos".]

Assim, em vez de sua política de "crescimento pela redistribuição", o CNA, particularmente sob a presidência de Thabo Mbeki, adotou o programa de livre comércio de sempre: tentar fazer a economia "crescer" agradando aos investidores estrangeiros com privatizações em massa, demissões e cortes salariais no setor público, corte de impostos corporativos e coisas semelhantes.

Os resultados foram arrasadores. Meio milhão de empregos foi perdido desde 1993. Os salários dos 40% mais pobres caíram em 21%. Áreas pobres viram seus custos com abastecimento de água aumentar 55%, a eletricidade em mais de 400%. Muitos passaram a beber água contaminada, levando a uma epidemia de cólera que infectou cem mil pessoas. Em Soweto, vinte mil casas tiveram sua eletricidade cortada a cada mês. E o investimento? Eles ainda estão esperando.

Esse é o tipo de histórico que tem feito do Banco Mundial e do FMI os párias internacionais, arrastando milhares de pessoas às ruas de Ottawa no fim de semana passado, com um "protesto solidário" em Johannesburgo. *The Washington Post* recentemente contou a história pungente de uma moradora de Soweto, Agnes Mohapi. O repórter observou: "Apesar de toda essa infelicidade, o apartheid nunca fez isso: não a retirou de seu emprego, não aumentou as tarifas de serviço público e depois interrompeu o fornecimento do serviço quando ela inevitavelmente não pôde pagar. 'A privatização fez isso', disse ela."

Diante desse sistema de "apartheid econômico", é inevitável que surja um novo movimento de resistência. Houve uma greve geral de três dias contra a privatização em agosto. (Os trabalhadores levaram cartazes que diziam, "CNA, Nós Amamos Você mas Não as Privatizações".) Em Soweto, trabalhadores desempregados religavam a água cortada de seus bairros, e o Comitê de Crise na Eletricidade de Soweto religou ilegalmente a energia elétrica em milhares de lares. Por que a polícia não os prendeu? "Porque", diz Ngwane, "quando a eletricidade dos policiais foi desligada, nós religamos para eles."

Parece que os executivos corporativos, tão ansiosos por tirar seus retratos com Nelson Mandela no fim de semana passado, têm uma segunda chance de lutar contra o apartheid — desta vez, enquanto ainda está acontecendo. Eles podem fazê-lo não somente através de caridade generosa, mas também questionando a lógica econômica que está destruindo tantos em todo o mundo. De que lado eles ficarão desta vez?

Uma política destrutiva em Ontário

Quando as necessidades básicas são tratadas como mercadorias

Junho de 2000

Logo depois do meio-dia de amanhã, alguns manifestantes, muitos deles sem-teto, chegarão aos degraus da Assembléia Legislativa de Ontário com um pedido muito simples. Querem falar com o governo tóri sobre os efeitos de suas políticas para os pobres. Se a história nos ensinou alguma coisa, o *premier* Mike Harris fará um discurso duro sobre como os eleitores de Ontário se fizeram ouvir e sobre como ele não quer ser intimidado — exatamente antes de chamar os tiras para uma batida violenta. A questão é: Como o resto de nós reagirá?

Faço essa pergunta, porque desde que a epidemia de *E. coli* irrompeu na cidade de Walkerton, quando mais de dois mil moradores adoeceram por beberem da água municipal, os eleitores em toda Ontário estarão examinando sua consciência sobre os efeitos da desregulamentação tóri nas pessoas comuns e em sua vida diária. Houve um terror disseminado diante da possibilidade de que os cortes governamentais no Ministério do Meio Ambiente, e conseqüentemente nas prefeituras, pudessem colocar as pessoas de Walkerton em um grande risco.

O ultraje público é uma força poderosa e transformadora, mesmo no enclave político aparentemente impenetrável de Mike Harris. Esse ultraje tem levado diretamente à convocação de quatro inquéritos sobre as causas da crise da água, a compromissos políticos para corrigir os problemas identificados, bem como a uma oferta de milhões de dólares em compensação. A tragédia merece essa atenção imediata, e mais. Mas por que precisamos de mortes em Walkerton para que vejamos que as políticas abstratas cobram seu tributo com a vida das pessoas?

Sete pessoas, talvez mais, morreram por beberem água contaminada com *E. coli*, e amanhã a Ontario Coalition Against Poverty vai marchar sobre o Queens Park, porque 22 sem-teto morreram nas ruas de Toronto nos últimos sete meses. As ligações entre essas mortes e os cortes e desregulamentação do governo são tão convincentes em Toronto como em Walkerton. Talvez ainda mais, porque em Toronto não precisamos de quatro inquéritos para estabelecer as ligações — elas são praticamente evidentes.

Antes de os tóris serem eleitos, alguns invernos foram passados sem absolutamente nenhuma morte de sem-teto nas ruas de Toronto. O tributo da morte começou a ser cobrado em 1995, no mesmo ano em que os tóris cortaram o bem-estar social em 21,6% e no mesmo ano em que eles abandonaram os planos para novas habitações populares. Logo depois disso, a recuperação econômica que os tóris adoram alardear começou a levar os aluguéis às alturas, enquanto a Lei de Proteção do Proprietário dos tóris tornou muito mais fácil aos proprietários de imóveis expulsar seus locatários. Aproximadamente 1.600 inquilinos agora enfrentam ordens de despejo a cada mês em Toronto.

O resultado é um número assustador de pessoas nas ruas e não há leitos suficientes para elas nos abrigos. No ano passado, havia cinco mil leitos disponíveis em albergues de emergência na cidade, mas muitos assistentes sociais dizem que há demanda para o dobro desse número. À medida que os albergues e ruas tornam-se mais apinhados, a cultura da rua torna-se mais degradada e violenta. E é aqui que os tóris entram, com sua Lei de Segurança nas Ruas, uma nova medida que permite à polícia tratar os sem-teto como criminosos, preparando habitantes para o superpresídio particular que em breve surgirá em Ontário.

Assim como existem remédios claros e disponíveis para prevenir futuros Walkerton, há muitas soluções políticas óbvias para evitar futuras mortes nas ruas. Mais habitação, melhor proteção ao inquilino e menos maus-tratos são bons pontos de partida. Os grupos antipobreza têm divulgado a "solução do um por cento": um apelo para dobrar a quantidade de dinheiro disponível para casas populares levando todos os níveis do governo a contribuir com um adicional de um por cento sobre seu orçamento total.

Ao comparar as mortes por *E. coli* em Walkerton com a crise dos sem-teto de Toronto, não estou tentando opor uma tragédia à outra em uma espécie de páreo da miséria, somente assinalando que faltam dois ingredientes ao debate sobre os sem-teto: o ruidoso ultraje público e a vontade política de evitar tragédias futuras.

Esta é a Ontário de Mike Harris. A primeira lição da Revolução do Bom Senso dos Tóris [o slogan de campanha com o qual chegaram ao poder] foi de que há duas classes distintas de pessoas na província: aquelas que estão dentro do sistema e as que pertencem ao lado de fora. As que estão dentro foram recompensadas com cortes nos impostos; as que estão fora foram empurradas ainda mais para fora.

Imagina-se que o povo de Walkerton esteja do lado de dentro: trabalham arduamente, pagam os impostos, são saudáveis, votam nos tóris. Os mortos das ruas de Toronto foram exilados desde o primeiro dia da Revolução do Bom Senso: desempregados, pobres, mentalmente doentes.

Só agora as linhas nítidas da hierarquia tóri da humanidade estão se tornando indistintas. "O programa Harris, além de destruir a estrutura social, começou a erodir a própria estrutura física de que todos dependem", diz John Clarke, organizador do grupo da manifestação de amanhã. "No final, fica evidente que todos estão sendo atacados."

A Frente mais fraca da América

O setor público

Outubro de 2001

Algumas horas depois do ataque terrorista ao World Trade Center e ao Pentágono, o congressista republicano Curt Weldon foi à CNN e anunciou que ele não quer ouvir ninguém falar de financiamento para escolas ou hospitais. A partir de agora, só se falaria em espiões, bombas e outras coisas mais importantes. "A prioridade número um do governo americano não é a educação, nem a saúde, é a defesa e proteção de seus cidadãos", disse ele, acrescentando depois: "Sou um professor casado com uma enfermeira – e nada disso importa agora."

Mas agora ficou evidente que aqueles serviços sociais frívolos importam e muito. O que está tornando os Estados Unidos mais vulneráveis às redes terroristas não é um arsenal depauperado, mas seu setor público na miséria, desvalorizado e esfacelado. Os novos campos de batalha não são apenas o Pentágono, mas também os correios; não apenas a inteligência militar, mas também a educação de médicos e enfermeiras; não um novo escudo de defesa antimísseis atraente, mas a tediosa Food and Drug Administration.

Agora está na moda observar de forma deturpada que os terroristas usam as tecnologias do Ocidente como armas contra o próprio Ocidente: aviões, e-mails, celulares. Mas à medida que aumenta o medo do bioterrorismo torna-se evidente que suas melhores armas são as brechas e os buracos na infra-estrutura pública dos Estados Unidos.

Foi por isso que não houve tempo para se preparar para o ataque? Duvido muito. Os EUA reconheceram abertamente a ameaça de ataques biológicos desde a guerra do golfo Pérsico, e Bill Clinton apelou repetidamente pela proteção da nação depois dos atentados a bomba na embaixada no leste da África. E todavia, surpreendentemente, pouco foi feito.

O motivo é simples: preparar-se para uma guerra biológica teria exigido um cessar-fogo em uma guerra mais antiga e menos dramática na América — aquela contra a esfera pública. Isso não aconteceu. Aqui estão alguns instantâneos das linhas de frente.

Metade dos estados dos EUA não tem especialistas federais treinados em bioterrorismo. Os Centros de Controle e Prevenção de Doenças estão se curvando sob a tensão do medo do antraz, seus laboratórios mal financiados lutando para acompanhar a demanda de exames. Pouca pesquisa tem sido feita sobre como tratar crianças que tenham contraído antraz, uma vez que o Cipro — o mais popular antibiótico — não é recomendado para elas.

Muitos médicos no sistema de saúde pública dos EUA não foram treinados para identificar sintomas de antraz, botulismo ou peste bubônica. Um recente painel do Senado americano ouviu que os hospitais e departamentos de saúde não têm ferramentas básicas de diagnóstico, e o compartilhamento de informação é difícil, porque alguns departamentos não têm acesso a e-mail. Muitos departamentos de saúde ficam fechados nos fins de semana, sem ninguém para atender o telefone.

Se o tratamento é essa confusão, os programas federais de vacinação estão em uma forma ainda pior. O único laboratório nos EUA com permissão para produzir uma vacina contra o antraz deixa o país despreparado para essa crise atual. Por quê? É um colapso típico da privatização. O laboratório, em Lansing, Michigan, era de propriedade do Estado e administrado por ele. Em 1998, foi vendido à BioPort, que prometeu uma eficiência maior. O novo laboratório foi reprovado em várias inspeções do FDA e, até agora, tem sido incapaz de fornecer uma dose sequer da vacina para os militares americanos, para não falar da população em geral.

O mesmo acontece no caso da varíola: não há vacinas suficientes para atender toda a população, levando o Instituto Nacional de Alergia e Doenças Infecciosas do EUA a experimentar uma diluição das vacinas existentes em uma proporção de 1 para 5 ou até de 1 para 10.

Documentos internos mostram que a Agência de Proteção Ambiental (em inglês EPA – Environmental Protection Agency) dos EUA está com o cronograma com um atraso de anos na proteção do abastecimento de água contra ataques bioterroristas. De acordo com uma auditoria publicada em 4 outubro, a EPA devia ter identificado vulnerabilidades de segurança nas fontes de água municipais em 1999, mas ainda não concluiu nem esse primeiro estágio.

O FDA tem-se mostrado incapaz de introduzir medidas que melhor protegeriam o fornecimento de alimentos de "agroterrorismo" – bactérias letais introduzidas nos alimentos. Uma vez que a agricultura está se tornando cada vez mais centralizada e globalizada, o setor é vulnerável à disseminação de doenças. Mas o FDA, que inspecionou somente um por cento dos alimentos importados sob sua jurisdição no ano passado, diz que passa por uma "necessidade desesperada de mais fiscais".

Tom Hammonds, diretor-presidente do Food Marketing Institute, um grupo industrial que representa comerciantes de alimentos, diz: "Se surgir uma crise – real ou fabricada, como um boato –, as deficiências do sistema atual se tornarão gritantemente óbvias."

Depois do 11 de setembro, George W. Bush criou o departamento de "segurança do país", projetado para evocar uma nação endurecida e preparada para qualquer ataque. Mas a verdade é que a "segurança do país" significa de fato uma corrida desenfreada para remontar a infra-estrutura pública básica e ressuscitar os padrões de saúde e segurança que foram drasticamente destruídos. As tropas nas linhas de frente da nova guerra da América estão em ordem de combate: são as próprias burocracias que sofreram cortes, foram privatizadas e caluniadas por duas décadas, não só nos EUA, mas em quase todos os países do mundo.

"Saúde pública é uma questão de segurança nacional", observou o secretário de Saúde Tommy Thompson no início deste mês. Ah, é mesmo? Durante anos, os críticos têm afirmado que há custos humanos para todos os cortes de custos, desregulamentação e privatização — choques de trem na Grã-Bretanha, surtos de *E. coli* em Walkerton, envenenamento de alimentos, mortes nas ruas e assistência médica abaixo dos padrões. E ainda assim, até o 11 de setembro, a "segurança" ainda estava restrita à maquinaria de guerra e policiamento, uma fortaleza construída sobre fundações esfaceladas.

Se há uma lição a ser aprendida, é a de que a segurança real não pode ter cordões de isolamento. Está entremeada em nosso tecido social mais básico, dos correios à emergência de um hospital, do metrô aos reservatórios de água, das escolas à fiscalização de alimentos. A infra-estrutura — essa coisa tediosa que nos mantém unidos — não é irrelevante para o negócio sério de combater o terrorismo. É o fundamento de nossa segurança futura.

III

CERCAS NO MOVIMENTO: CRIMINALIZANDO A DISSIDÊNCIA

[Em que quantidades copiosas de gás são inaladas, amigos são lançados em vans por policiais vestidos de anarquistas e um garoto morre em Gênova]

Policiamento interfronteiras

Agentes da lei permutam truques de intimidação

Maio de 2000

"Aprendemos as lições de Seattle e Washington", disse-me Michèle Paradis, agente da Polícia Montada do Canadá pelo celular, falando de Windsor. Ela é encarregada das relações com a mídia para a reunião da Organização dos Estados Americanos que acontecerá em Windsor, Ontário, neste fim de semana, onde se unirá a alguns milhares de manifestantes que fazem objeções aos planos da OEA de expandir o Nafta para a América Latina e o Caribe.

— E que lições foram essas? — pergunto.

— Acho que não posso responder a isso — disse ela.

É uma pena, porque houve muitas lições que a polícia canadense deve ter aprendido sobre como tratar manifestantes depois das manifestações contra a Organização Mundial do Comércio em Seattle e as manifestações contra o Banco Mundial e o Fundo Monetário Internacional em Washington. Na ausência de alguma elaboração da policial Paradis, aqui estão as principais lições que a polícia montada *parece* ter aprendido com seus colegas do sul.

LIÇÃO Nº 1: ATAQUE PREVENTIVAMENTE

Os militantes locais em Windsor dizem que têm recebido telefonemas e visitas em suas casas de agentes da Polícia Montada Real do Canadá. Josie Hazen, *designer* gráfica que elaborou um pôster para divulgar a reunião e a série de conferências patrocinadas pelo Congresso Trabalhista Canadense, disse que um agente da polícia montada a contatou e fez uma série de perguntas sobre esses eventos perfeitamente legais, seus organizadores e o que ela sabia de outras atividades anti-OEA. "Muita gente tem recebido esses telefonemas e acho que é uma tática de terror para nos manter longe dos protestos", diz Hazen.

LIÇÃO Nº 2: NORMALIZE A VIOLÊNCIA POLICIAL

Em Washington, conheci vários militantes de dezenove anos que vestiam a requerida roupa de proteção com óculos e máscaras ensopadas de vinagre. Não é que eles estivessem planejando atacar uma Starbucks, apenas esperavam que ser atacado com gás é o que acontece quando você expressa suas opiniões políticas.

No Canadá, quando vimos universitários sendo encharcados de spray de pimenta na calçada em frente à reunião da Cooperação Econômica da Ásia e do Pacífico de 1997, em Vancouver, houve uma onda de ultraje público. Agora, dois anos e meio depois, estamos vendo essa mesma brutalidade sendo dirigida contra manifestantes que parecem ter se tornado acostumados a isso. E esse é o efeito verdadeiramente insidioso da violência policial: se manifestantes são tratados publicamente como criminosos com suficiente regularidade, eles começam a parecer criminosos, e começamos, talvez inconscientemente, a equiparar militância com ações sinistras, até com terrorismo.

LIÇÃO Nº 3: APAGUE A DISTINÇÃO ENTRE DESOBEDIÊNCIA CIVIL E VIOLÊNCIA

Há uma facção a caminho de Windsor que planeja praticar a desobediência civil, deitando-se na rua para bloquear o acesso a partes da reunião da OEA; é uma tática usada historicamente por militantes em todo o mundo para protestar contra leis injustas. Na América do Norte, veio a calhar durante o movimento pelos direitos civis, os protestos contra a Guerra do Vietnã e, mais recentemente, em bloqueios de índios, disputas trabalhistas e o embate de 1993 entre ambientalistas e madeireiras em Clayoquot Sound, na costa oeste do Canadá. É uma tática não-violenta — mas tem como objetivo ser inconveniente.

Essencialmente, o que os manifestantes estão planejando para a reunião da OEA em Windsor é uma paralisação das ruas. Embora isso possa chatear muita gente que tenta chegar ao local de trabalho, às vezes — quando meios importantes de expressão pública já se exauriram — as vitórias políticas importantes superam as pequenas inconveniências.

Todavia, quando falei com a policial Paradis, ela repetidamente descreveu os planos de interromper a reunião de Windsor como "violência", recusando-se a reconhecer que o bloqueio de uma rua possa ser feito de forma pacífica. "Isso é semântica", disse ela a respeito da diferença.

Nenhum dos organizadores dos protestos de Windsor está defendendo a violência, o que nos leva à:

LIÇÃO Nº 4: DIVIDIR E CONQUISTAR

"Não estamos preocupados com os manifestantes pacíficos", disse-me a policial Paradis. "Só com a minoria inclinada a paralisar as coisas." Essa distinção entre bons manifestantes — aqueles que só estão interessados em gritar slogans e agitar faixas em áreas permitidas — e os ruins, os manifestantes de ação direta, foi também um refrão policial constante em Seattle e Washington.

Mas os ativistas aprenderam algumas lições sozinhos. Seattle mostrou que a desobediência civil agrega muita urgência e atenção, necessárias em marchas oficiais e conferências, eventos que em geral são ignorados pela imprensa desinteressada. Assim, no período que antecede Windsor, há quase um consenso entre os organizadores de que você não tem de escolher uma só tática — pode haver centenas delas, e o ativismo trabalha em várias frentes complementares de uma só vez.

A ironia real nos ataques da polícia aos que militam contra o livre comércio é que isso acontece em meio a meses de pregação sobre como o maior comércio com a China deu aos cidadãos daquele país uma sede irreprimível de democracia e liberdade de expressão. O oposto é claramente a verdade: esse modelo de livre comércio é tão prejudicial para tantas pessoas em todo o mundo que os países democráticos estão comprometendo os direitos de seus próprios cidadãos para proteger o progresso tranqüilo de seu programa.

O que nos leva à Lição nº 5, segundo a qual a polícia e os políticos parecem decididos a não ouvir. Na era da globalização corporativa, os próprios políticos estão se tornando uma comunidade fechada, e cada vez mais segurança e brutalidade são necessárias para conduzir os seus negócios de sempre.

Prisão preventiva

A polícia almeja os manipuladores em Windsor, Ontário

Junho de 2000

"Este é David Solnit. Ele é o Homem."

Foi assim que o lendário ativista de San Francisco me foi apresentado na quinta-feira. Estávamos na Universidade de Windsor, ambos dando palestras em um encontro sobre a Organização dos Estados Americanos. É claro que eu já sabia que David Solnit era o Homem. Ele era um dos organizadores dos protestos de Seattle. E ouço falar de seu nome há anos, em geral pronunciado com reverência por jovens militantes que haviam acabado de comparecer a uma de suas oficinas Arte e Revolução.

Ele voltou transbordante de novas idéias sobre protestos. Como as manifestações não deveriam ser marchas quase militares que culminavam em uma maré de cartazes diante de prédios governamentais fechados. Como, em vez disso, elas deviam ser "festivais de resistência", cheios de bonecos gigantes e espontaneidade teatral. Como suas metas podem ser mais que simbólicas: os protestos podem "resgatar" o espaço público para uma festa ou um jardim, ou impedir uma reunião planejada que os manifestantes acreditem ser destrutiva. Esta é a teoria "mostre, não fale", que sustenta que você não muda a mentalidade de ninguém apenas gritando a respeito daquilo a que se opõe. Você muda a mentalidade construindo organizações e eventos que sejam um exemplo vivo do que você defende.

Como não sou versada nesta teoria, minha palestra aos estudantes tratou de como os protestos contra um acordo de livre comércio expandido para as Américas é parte de um movimento anticorporação mais amplo — contra o crescente controle corporativo sobre a educação, a água, a pesquisa científica, entre outras coisas.

Quando chegou a vez de David Solnit, ele pediu que todos se levantassem, que se voltassem para a pessoa mais próxima e perguntassem a ela por que estava aqui. Como filha de pais hippies e uma remanescente de acampamentos de verão alternativos, esses rituais de intimidade instantânea sempre me fizeram querer correr para o meu quarto e bater a porta. É claro que David Solnit havia me escolhido como sua parceira — e ele não ficou satisfeito com "Eu vim dar uma palestra". Desta forma eu lhe disse mais: como escrever sobre o compromisso de jovens militantes pelos direitos humanos e ambientais me deu esperança no futuro e tem sido um antídoto muito necessário à atmosfera de cinismo em que estão imersos os jornalistas.

Foi só quando tive de compartilhar nossas descobertas com a sala que percebi que não era só um jogo de apresentações: era também um meio eficaz de atormentar policiais secretos presentes no local. "Bom, hummm, o nome de meu parceiro é Dave e ele está aqui para lutar contra a opressão", disse um cara com um casaco de náilon e cabelos à escovinha.

Menos de 24 horas depois, David Solnit estava em uma cela de cadeia em Windsor, onde ficou por quatro dias.

No dia seguinte à conferência – que foi o dia antes da grande manifestação contra a OEA – Solnit deu uma pequena oficina sobre fabricação de bonecos na universidade. Depois do seminário, a apenas uma quadra do *campus*, a polícia o deteve. Disseram que ele fora condenado por crimes nos Estados Unidos e estava sendo considerado um criminoso no Canadá. Por quê? Porque 15 anos antes ele fora preso em um protesto contra o envolvimento militar dos Estados Unidos na América Central; ele tinha escrito (em tinta lavável) os nomes de sandinistas executados na parede de um prédio do governo. Ontem, depois que os manifestantes já haviam ido para casa, um inquérito do Conselho de Análise da Imigração revelou que a prisão de Solnit era totalmente infundada, e ele foi libertado.

David Solnit prega a revolução por meio de papier-mâché, o que torna suas tentativas de repudiar a ação policial uma paranóia delirante. Exceto pelo fato de que as autoridades estão certas em vê-lo como uma ameaça – embora não à segurança nem à propriedade de alguém. Sua mensagem é consistentemente não-violenta, mas é também extremamente poderosa.

Solnit não fala muito de como os acordos de livre comércio transformam a cultura, a água, as sementes e até os genes em mercadorias comercializáveis. O que ele faz em suas oficinas é ensinar a jovens militantes como desmercantilizar seus relacionamentos – uma mensagem original para uma geração que cresceu sendo alvo de propagandas nos banheiros escolares e vendeu sua rebeldia enlatada a empresas de refrigerantes.

Embora Solnit estivesse preso até que as reuniões da OEA estivessem concluídas, suas idéias estavam em toda Windsor: a arte não era algo feito por especialistas e comprada por consumidores, estava em toda parte nas ruas. Os militantes chegaram a desenvolver um sistema de transporte gratuito: um batalhão de "bicicletas azuis" — velhas bicicletas reformadas e pintadas por manifestantes para usar como quisessem.

O teórico da comunicação Neil Postman certa vez escreveu que ensinar é "uma atividade subversiva". Quando o ensino coloca os jovens em contato com os poderes da auto-suficiência e da criatividade que eles não sabem que possuem, é mesmo subversivo. Mas não é um crime.

David Solnit foi objeto de uma operação policial bem-planejada e internacional. Ele foi identificado como ameaça política antes que chegasse a este país. Seu passado foi vasculhado, ele foi seguido, depois preso sob acusações fabricadas. Todos os canadenses devem estar envergonhados das ações de nossa polícia. Mas muito envergonhados devem estar os burocratas do comércio em Windsor. Parece que ainda há um aspecto da vida humana que não foi coberto pelo livre comércio: a livre troca de idéias que fortalecem as pessoas.

Vigilância

É mais fácil espionar militantes que envolvê-los em um debate aberto

Agosto de 2000

Não me impressionou que o Serviço de Inteligência e Segurança do Canadá citasse meu livro em seu novo relatório sobre a ameaça antiglobalização. Em alguns círculos por onde viajei, escrever para o *The Globe and Mail* é o bastante para um risco político, que dirá ser uma informante *de facto* do serviço de inteligência. Mas está na página 3 do relatório: *Sem logo* ajudou o serviço de inteligência a compreender por que esses garotos malucos continuam atormentando as reuniões de comércio.

Em geral, aceito todo e qualquer leitor, mas tenho a leve suspeita de que em abril próximo esse relatório será usado para justificar a violência contra alguns bons amigos meus. É quando a cidade de Quebec receberá a Cúpula das Américas, a mais importante reunião do livre comércio desde o colapso das negociações da Organização Mundial do Comércio em Seattle em dezembro do ano passado.

O relatório do serviço de inteligência foi planejado para avaliar a ameaça que os protestos anticorporação representam para a reunião. Mas o que é interessante é que ele faz mais do que retratar os militantes como terroristas latentes (embora também faça isso). Na verdade, faz também um esforço corajoso para entender as questões que estão por trás da fúria.

O relatório observa, por exemplo, que os manifestantes estão enfurecidos com "o fracasso na aprovação do alívio da dívida para os países pobres". Ele acredita que muitas corporações são culpadas de "injustiça social, práticas trabalhistas injustas (...) bem como da falta de preocupação com o meio ambiente", e que as instituições que governam o comércio estão "interessadas somente nos lucros". Realmente, não é um resumo ruim — infiltrando-se em todas aquelas conferências bem-sucedidas. O relatório até faz um raro cumprimento aos manifestantes: de acordo com o serviço de inteligência, eles estão "tornando seus motivos cada vez mais compreensíveis".

Indubitavelmente, tais observações são feitas no espírito de "conhece teu inimigo", mas pelo menos o serviço de inteligência está ouvindo. O que é mais do que podemos dizer do ministro do Comércio Exterior do Canadá. Em um discurso no Banco Interamericano de Desenvolvimento este mês, Pierre Pettigrew exibiu um estranho estilo George Lucas dinâmico em que os adeptos do livre comércio são as forças da ordem global e seus críticos as forças da "desordem global". Esses inimigos sinistros não são motivados por "idealismo" — como declara o relatório do serviço de inteligência —, são impulsionados por um desejo egoísta de "excluir os outros do tipo de prosperidade de que desfrutamos". E eles não têm preocupações legítimas; de acordo com Pettigrew, eles não sabem de nada. "A globalização, simplesmente, é parte do processo de evolução natural", disse o ministro. "Anda de mãos dadas com o progresso da humanidade, e uma coisa que a história nos ensina é que ninguém pode ficar em seu caminho."

Se o governo canadense está preocupado com que os manifestantes possam arruinar sua festa em Quebec, devia começar por admitir que a Mãe Natureza não escreve os acordos internacionais de comércio, quem faz isso são os políticos e os burocratas. Melhor ainda, em vez de "monitorar as comunicações de manifestantes", como sugere o relatório do serviço de inteligência, o governo liberal devia levar a discussão para fora do domínio da espionagem dos relatórios de inteligência e dedicar os próximos oito meses a um debate aberto, includente e nacional sobre se há apoio da maioria para um Nafta que abranja todo o hemisfério.

Há um precedente. Em 1988, os liberais, como o partido de centro-esquerda, tiveram um papel de liderança em um debate semelhante, sobre o acordo de livre comércio com os Estados Unidos. Mas na época os prós e os contras da desregulamentação do comércio eram teóricos: era uma guerra, essencialmente, de previsões concorrentes.

Agora os canadenses estão em posição de examinar este percurso. Podemos nos perguntar se as regulamentações do Nafta permitiram-nos proteger nossa cultura nos últimos oito anos? O acordo trabalhista protegeu os direitos dos trabalhadores de fábricas no Canadá e no México? O acordo ambiental deu-nos a liberdade de regulamentar os poluidores? Os direitos humanos, de Chiapas a Los Angeles ou Toronto, foram fortalecidos desde que o Nafta foi introduzido?

Podemos também ver a proporção de nosso PIB que cabe ao comércio (43%), em comparação com o padrão de vida para a média dos canadenses (estagnado). Então podemos nos perguntar: Será que esse é o melhor sistema econômico que podemos conceber? Será que estamos satisfeitos com mais da mesma coisa? Queremos realmente o Nafta x 34? Em si mesmo, tal debate seria a evidência de uma democracia saudável, mas podemos ir ainda mais longe. A entrada do Canadá na Alca pode se tornar uma questão central nas próximas eleições federais e — aqui está uma idéia maluca — podemos votar nele.

Isso não aconteceu, é claro. A democracia no Canadá será relegada a uma controvérsia insignificante sobre cortes nos impostos. Os críticos de nossa via econômica terão menos privilégios e serão mais militantes. E o trabalho da polícia será proteger nossos políticos da política real, mesmo que isso signifique transformar Quebec em uma fortaleza.

Ao montar o palco para esse uso da força, o relatório do serviço de inteligência conclui que, "devido à virulenta retórica antiglobalização (...) a ameaça de violência associada à reunião de cúpula em Quebec não pode ser descartada". Talvez não. Mas devido à virulência da retórica antimilitância, e o conluio de nossos políticos, a ameaça de violência policial em Quebec é praticamente certa.

Tráfico do medo

Se a polícia torna os protestos tão assustadores, quem vai querer ir?

Março 2001

"Temo que o livre comércio esteja levando à privatização da educação", diz um professor da rede de ensino básico de Ottawa. "Quero ir aos protestos de Quebec, mas será seguro?"

"Acho que o Nafta aumentou a divisão entre ricos e pobres", diz uma jovem mãe em Toronto. "Mas se eu for a Quebec, meu filho vai levar um spray de pimenta?"

"Quero ir a Quebec", me fala um aluno de Harvard ativo no movimento anti-sweatshop, "mas ouvi dizer que ninguém poderá atravessar a fronteira."

"Nem estamos pensando em ir a Quebec", diz uma estudante da Cidade do México. "Não podemos correr o risco de ser presos em um país estrangeiro."

Se você acha que a próxima grande repressão policial em protestos políticos vai acontecer quando seus mil policiais entrarem em choque com militantes do lado de fora da Cúpula das Américas em Quebec no mês que vem, você está errado. A verdadeira repressão já está acontecendo. Está ocorrendo em silêncio, sem fanfarras, toda vez que outro possível manifestante decide não expressar publicamente suas opiniões acerca da proposta Área de Livre Comércio das Américas.

A verdade é que a forma mais eficaz de controlar uma turba não é o spray de pimenta, nem os canhões de água, o gás lacrimogêneo ou qualquer uma das armas que estão sendo preparadas pela polícia de Quebec na expectativa da chegada de 34 chefes de Estado. A forma mais avançada de controlar a turba é controlar seus grupos antes que eles convirjam em determinado ponto: é o mais eficiente meio de reprimir um protesto — o silêncio a que você mesmo se condena.

Isso acontece toda vez que lemos outra história sobre como Quebec será cercada por uma cerca de três metros de altura. Ou sobre como não há onde dormir na cidade exceto nas prisões, que têm sido prestimosamente esvaziadas. Um mês antes da reunião de cúpula, a Quebec de cartão-postal tem sido sucessivamente transformada em um lugar ameaçador, inóspito para as pessoas comuns com sérias preocupações com o comércio orientado para as corporações e a desregulamentação econômica. Expressar discordância, em vez de ser um saudável exercício de democracia, está se tornando um esporte radical e perigoso, adequado somente a militantes corajosos, com acessórios bizarros e diplomas de doutorado em alpinismo em prédios.

Mais repressão à discordância acontece quando aceitamos as histórias dos jornais, cheios de fontes anônimas e declarações não assinadas, sobre como alguns desses militantes são na verdade "agitadores" que estão "planejando usar de violência", empacotando tijolos e explosivos. A única prova fornecida por tais afirmações inflamatórias é a de que os "anarquistas" estão se organizando em "pequenos grupos" e que esses grupos são "autônomos", o que significa que eles não contam aos outros o que vão fazer.

A verdade é esta: não há um único grupo oficial organizando protestos em Quebec que esteja planejando uma ação violenta. Algumas das organizações mais radicais, inclusive a Anti-Capitalist Convergence, disseram que respeitam "uma diversidade de táticas (...) que vão da educação popular à ação direta". Eles dizem que não condenarão, em princípio, outros ativistas por suas táticas. Alguns dizem que se defenderão se forem atacados pela polícia.

Essa situação manifestamente complicada tem sido distorcida nos jornais como o equivalente de planejar ataques violentos à reunião, e certamente não é isso. É também uma fonte de frustração para muitos outros militantes que afirmam que seria mais fácil se todos apenas assinassem uma declaração dizendo que os protestos não serão violentos.

O problema é que um dos argumentos fundamentais contra o modelo econômico darwiniano da Alca é que ela aumenta a violência: violência dento de comunidades pobres e violência policial contra os pobres. Em um discurso feito no ano passado, o ministro do Comércio Exterior Pierre Pettigrew ajudou a explicar por quê. Na economia moderna, disse ele, "as vítimas são não somente exploradas, elas são excluídas (...) Você pode estar em uma situação em que não precisou criar essa riqueza. Esse fenômeno de exclusão é ainda mais radical do que o fenômeno da exploração".

E na verdade é isso. E é por isso que a sociedade que aceita alegremente essa contabilidade incluído/excluído é uma sociedade insegura, cheia de pessoas que têm pouca fé no sistema, que sentem que nada têm a ganhar com as promessas de prosperidade que acompanham reuniões como a Cúpula das Américas, que vêem a polícia somente como uma força de repressão, que nada têm a perder.

Se esse não é o tipo de sociedade que queremos — de incluídos e excluídos, e de cercas cada vez mais altas dividindo os dois —, a resposta não é que os "bons" militantes condenem antecipadamente os militantes "ruins". A resposta é rejeitar as políticas de divisão completamente. E o melhor lugar para isso é Quebec, onde o muro em geral invisível da exclusão tem se tornado inteiramente visível, com uma nova cerca de arame farpado e métodos de controle de multidões que almejam nos manter de fora antes mesmo que cheguemos lá.

A petição dos "cidadãos enjaulados"

Uma carta aberta a Jean Chrétien antes da Cúpula das Américas

Abril de 2000

Naomi Klein, a atriz Sarah Polley e o advogado Clayton Ruby deram início a este abaixo-assinado ao primeiro-ministro canadense Jean Chrétien em antecipação à violência policial durante a Cúpula das Américas em Quebec. A carta buscou galvanizar a opinião pública, particularmente a comunidade artística. Mais de seis mil canadenses assinaram: artistas, acadêmicos, jornalistas, juízes, advogados e intelectuais. Entre eles estavam algumas das personalidades mais proeminentes do Canadá, como Margaret Atwood, Michael Ondaatje, Atom Egoyan, Michael Ignatieff, Rubin "Hurricane" Carter e as Barenaked Ladies.

Como canadenses que valorizam a liberdade de expressão como um direito democrático essencial e dependem desse direito para ganhar a vida, assistiremos com cautela aos atos de policiais e agentes da imigração na próxima semana, quando a Cúpula das Américas se reunirá na cidade de Quebec.

O direito à liberdade de expressão, tão fundamental para nossa democracia, inclui o direito não apenas de falar e se comunicar, mas de ser ouvido. O direito constitucional a reuniões pacíficas abrange o direito de se reunir em espaços públicos em todas as cidades canadenses. O direito à liberdade de movimento entre fronteiras se estende não apenas ao comércio e turismo, mas também a reuniões políticas, conferências e protestos.

Planejada para manter os manifestantes legítimos fora do alcance dos olhos e dos ouvidos, a barreira de segurança construída em torno da cidade de Quebec menospreza tais liberdades fundamentais. Seguindo o espírito da Constituição, condenamos essa ação. Acreditamos que a presença planejada de aproximadamente seis mil policiais em torno do local da reunião de cúpula não é um incentivo a um protesto pacífico. Também condenamos a prática da recusa arbitrária à entrada de cidadãos interessados de outros países, evitando portanto que eles expressem sua opinião à mídia mundial sobre o acordo de livre comércio que se estende por 34 fronteiras nacionais.

A democracia não só ocorre nos parlamentos, em cabines de votação e encontros oficiais. Ela acontece em salas de reuniões, parques públicos e nas ruas. Ela também inclui, às vezes, atos pacíficos de desobediência civil. Quando as ruas são bloqueadas e centenas de salas de reunião em Quebec ficam fora do alcance de cidadãos porque elas estão dentro de uma grande "zona de segurança", é a própria democracia que está sendo marginalizada. E quando grandes corporações têm a oportunidade de comprar acesso a líderes políticos através de patrocínios parciais da Cúpula das Américas, como está sendo dito aqui, é criada a impressão de que a responsabilidade política está à venda.

Nós também estamos preocupados com os documentos, tornados públicos, do Serviço de Inteligência e Segurança Canadense, que retratam os manifestantes que virão a Quebec como "violentos", e no entanto não conseguem sustentar esse argumento com alguma evidência que o corrobore; e que tais caracterizações sem fundamento, repetidas nos relatos da imprensa, podem montar o palco para o uso excessivo da força pelos policiais. Muitos dos ativistas que se dirigem a Quebec são jovens expressando sua visão política e envolvidos na expressão pacífica e íntegra e na desobediência civil, e estamos gravemente preocupados com a segurança física de todos os manifestantes.

Nos últimos quatro anos, vimos o spray de pimenta se tornar um lamentável lugar-comum em manifestações políticas que acompanham as reuniões do Banco Mundial, Fundo Monetário Internacional, Organização Mundial do Comércio, Fórum Econômico Mundial, Fórum da Cooperação Econômica da Ásia e do Pacífico, bem como em convenções políticas americanas. Também temos testemunhado, nas ruas de Washington a Davos, na Suíça, o crescente uso de gás lacrimogêneo, prisões em massa, canhões de água e balas de borracha pela polícia durante algumas dessas manifestações, bem como técnicas de segurança comuns sendo cada vez mais utilizadas, como prisões preventivas de organizadores de protestos, espancamento aleatório de militantes, batidas policiais em "centros de convergência" de ativistas e o confisco de material de protesto inofensivo como cartazes e bonecos.

Em toda a história deste país, canadenses como George Étienne Cartier e Robert Baldwin lutaram pela tolerância civil e pelo direito democrático à liberdade de expressão. Não é tarde demais para a Cúpula das Américas ser um evento durante o qual nossos líderes políticos façam mais do que falar de democracia. Eles também podem incorporar os princípios democráticos da liberdade de expressão e de movimento ao se recusarem a se proteger da crítica aberta e do debate sobre questões de importância crucial para os cidadãos das Américas. Com o mundo acompanhando de perto, esta é uma oportunidade para fazer do Canadá um modelo de princípios democráticos.

Nesse sentido, apelamos para que as forças de segurança em nossas fronteiras e na cidade de Quebec defendam vigorosamente não só a segurança de chefes de Estado visitantes, mas também os direitos de militantes políticos dentro do Canadá.

Infiltração

Policiais à paisana prendem organizadores pacíficos no protesto à Área de Livre Comércio das Américas

Abril de 2001

"Onde você está?", gritei no meu celular.

Houve uma pausa e, em seguida: "Na Zona Verde, St. Jean com St. Claire."

Zona Verde é jargão de protesto para uma área livre de gás lacrimogêneo ou confrontos com a polícia. Não há cercas a atacar, somente marchas sancionadas. As Zonas Verdes são seguras; achamos que podemos levar nossos filhos a elas. "Está bem", disse eu. "Vejo você em quinze minutos."

Mal pusera o casaco, recebi outro telefonema: "Jaggi foi preso. Quer dizer, não exatamente preso. Foi mais um rapto." Meu primeiro pensamento foi que a culpa era minha: eu tinha pedido a Jaggi Smith que me informasse o seu paradeiro pelo celular: devem ter monitorado nossa ligação — e foi assim que o localizaram. Se isso parece paranóico, bem-vindo à Cidade da Cúpula.

Menos de uma hora depois, no centro comunitário Comité Populaire St-Jean Baptiste, um grupo de seis testemunhas de olhos inchados leu para mim seus relatos manuscritos de como o organizador mais conhecido do protesto de ação direta de ontem contra a Área de Livre Comércio das Américas foi apanhado debaixo de seus narizes. Todos disseram que Singh estava parado, conversando com amigos, instando-os a passar pela brecha na cerca de segurança. Todos disseram que ele estava tentando reduzir a intensidade do embate policial.

"Ele disse que estava tenso demais", disse Mike Staudenmaier, um militante americano que conversava com Singh quando este foi agarrado por trás e depois cercado por três grandalhões.

"Eles estavam vestidos como militantes", disse Helen Nazon, uma garota de 23 anos de Quebec, "com camisetas com capuz, bandanas no rosto, camisas de flanela, um pouco sujos. Empurraram Jaggi no chão e o chutaram. Foi muito violento."

"Depois eles o arrastaram", disse Michèle Luellen. Todas as testemunhas disseram que quando os amigos de Singh se aproximaram para tentar resgatá-lo os homens vestidos de militantes sacaram grandes cassetetes, bateram na multidão e se identificaram, gritando: "Polícia!" Depois o atiraram em uma van bege e partiram. Vários dos jovens militantes foram feridos quando apanharam.

Três horas depois da prisão de Singh, ninguém sabia ainda onde ele estava sendo mantido.

Capturar militantes nas ruas e atirá-los em carros sem placa não é o tipo de coisa que acontece no Canadá. Mas na curta carreira de Jaggi Singh como militante antiglobalização, aconteceu a ele antes — durante os protestos de 1997 contra a reunião da Cooperação Econômica da Ásia e do Pacífico. Na véspera dos protestos, ele foi apanhado por dois policiais à paisana enquanto caminhava sozinho no *campus* da Universidade da Colúmbia Britânica, lançado ao chão e depois enfiado em um carro sem placa.

A acusação, descobriu-se depois, era agressão. Aparentemente ele havia feito tanto barulho em um megafone algumas semanas antes que feriu o tímpano de um policial que estava próximo. A acusação, é claro, foi lançada depois, porque o que interessava claramente era mantê-lo atrás das grades durante o protesto, da mesma forma que ele, sem dúvida, estará preso durante a marcha de hoje. Ele encarou uma prisão similar em outubro na reunião do Grupo dos 20 para ministros da área financeira em Montreal. Em todos esses estranhos casos, Jaggi Singh nunca foi sentenciado por vandalismo, por planejar ou tramar uma atividade violenta. Quem já o viu em ação sabe que seu maior crime é o de fazer bons discursos.

Era por isso que eu estava ao telefone com ele minutos antes de sua prisão — tentando convencê-lo a ir à Conferência dos Povos que eu estava ajudando a organizar para dizer à multidão de quinze mil pessoas o que estava acontecendo nas ruas. Ele havia concordado, mas depois ficou muito difícil atravessar a cidade.

Não consigo afastar a idéia de que o motivo para que este jovem tenha sido tratado como terrorista, repetidamente e sem nenhuma prova contra ele, tenha alguma coisa a ver com sua pele escura e o fato de que seu nome é Singh. Não surpreende que seus amigos digam que essa suposta ameaça ao Estado não goste de andar sozinho à noite.

Depois de recolher todas as declarações das testemunhas, a pequena multidão começa a deixar o centro comunitário para comparecer à planejada reunião tarde da noite. Há uma comoção na porta, e em um instante as salas estão cheias de pessoas com as faces vermelhas, seus olhos vertendo lágrimas, freneticamente procurando por água corrente.

O gás lacrimogêneo encheu as ruas que cercam o centro e entrou pelos corredores. "Esta não é mais uma Zona Verde! *Les flics* [a polícia] *s'en viennent*!" Havia muito a fazer em meu laptop no hotel.

Denis Belanger, que foi gentil o bastante para me deixar usar o PC raquítico do centro comunitário para escrever esta coluna, observa que o led de mensagens está piscando no telefone. A polícia havia fechado toda a área — e ninguém consegue sair de lá.

"Talvez eu passe a noite aqui", diz Belanger. Eu também, talvez.

Lançamento indiscriminado de gás lacrimogêneo

Fumaça tóxica é lançada em grupos díspares durante os protestos contra a Alca

Abril de 2001

Os protestos terminaram, começaram a procurar os bodes expiatórios. Maude Barlow, presidente do Conselho de Canadenses, é condenada por não desfazer a "Quadrilha de Maude". O militante Jaggi Singh está preso por supostamente possuir uma arma que ele nunca teve ou usou — uma catapulta teatral que atirou animais empalhados sobre as abjetas cercas em Quebec durante a Cúpula das Américas no último fim de semana.

Não é só que a polícia não tenha entendido a piada, é que ela não chegou à nova era de protesto político, adotada por nossos grupos pós-modernos. Não havia uma só pessoa, ou grupo, que pudesse dispersar "seu pessoal", porque as dezenas de milhares que vieram protestar contra a Área de Livre Comércio das Américas são parte de um movimento que não tem um líder, um centro ou sequer um nome em comum. Mas que isso é inegável.

O que é difícil de transmitir nos relatos da mídia é que não foram dois protestos que aconteceram em Quebec — um, uma marcha trabalhista "pacífica", outro um tumulto anarquista "violento" —, foram centenas de protestos. Um foi organizado por mãe e filha de Montreal. Outro por uma van carregada de estudantes de Edmonton. Outro por três amigos de Toronto que não são membros de nada, a não ser de suas academias de ginástica. E ainda outro por dois garçons de uma cafeteria em sua hora de almoço.

Certamente havia grupos bem-organizados em Quebec: os sindicatos tinham ônibus, cartazes no mesmo estilo e uma rota de passeata; o Black Bloc de anarquistas tinha máscaras contra gás e ligações por rádio. Mas as ruas foram também tomadas por gente que simplesmente disse a amigos: "Vamos a Quebec", e de moradores de Quebec que diziam: "Vamos sair." Eles não se uniram a um grande protesto; eles participaram de um momento.

E como poderia ser de outra forma? Todas as instituições tradicionais que antes organizavam os cidadãos e grupos estruturados e ordenados estão em declínio: sindicatos, religiões, partidos políticos. Ainda assim, algo impulsionou dezenas de milhares de pessoas às ruas, uma intuição, um instinto — talvez apenas o desejo profundamente humano de fazer parte de algo maior que si mesmo.

Teriam eles uma diretriz partidária em comum, uma dissecação detalhada dos prós e dos contras da Alca? Nem sempre. Mas tampouco os protestos de Quebec podem ser desprezados como turismo político vazio. A mensagem de George W. Bush na reunião foi de que os meros atos de comprar e vender fariam nosso governo para nós. "O comércio ajuda a espalhar a liberdade", disse ele.

Foi precisamente essa visão pobre e passiva da democracia que estava sendo rejeitada nas ruas. Onde quer que os manifestantes estivessem, todos estavam certamente buscando um sabor de participação política direta. O resultado da convergência dessas centenas de pequenos protestos foi caótico, às vezes terrível, mas com freqüência inspirador. Uma coisa é certa: depois de finalmente se livrar da capa da observação passiva, essas pessoas não estavam lá para entregar as rédeas a um bando de virtuais líderes.

Os manifestantes se tornarão mais organizados, contudo, um fato que tem muito mais a ver com as ações da polícia do que com as diretrizes de Maude Barlow, Jaggi Singh ou, nesta questão, eu. As pessoas perambulavam por Quebec profundamente incertas de que isso significava ser parte de um movimento político, mas alguma coisa nos uniu depois que chegamos: prisões em massa, balas de borracha e, acima de tudo, uma densa cortina branca de gás.

Apesar da linha governamental de elogiar os "bons" manifestantes enquanto condena os "maus", o tratamento de todos nas ruas de Quebec foi rude, covarde e indiscriminado. As forças de segurança usaram a atitude de alguns manifestantes que atiraram pedras como uma justificativa, para as câmeras, para fazer o que estavam tentando fazer desde o início: livrar a cidade de milhares de manifestantes legítimos, porque desse jeito era mais conveniente.

Uma vez que eles conseguiram sua "provocação", encheram bairros inteiros com gás lacrimogêneo, uma substância que, por definição, não discrimina, é indiferente a perímetros, táticas de protesto ou política. A fumaça tóxica penetrou nas casas, obrigando famílias a respirar por máscaras em suas salas de estar. Frustrados com o vento que estava contra eles, a polícia lançou ainda mais gás. As pessoas que faziam o sinal de paz para a polícia recebiam gás. Encontrei uma mulher de cinqüenta anos de Ottawa que me disse animada: "Saí para comprar um sanduíche e fui atingida pelo gás duas vezes." Pessoas que faziam uma festa sob uma ponte fora atingidas. Pessoas protestando contra a prisão de seus amigos foram atingidas. A clínica de primeiros socorros que tratava as pessoas que foram atingidas por gás também foi atingida por gás.

O gás lacrimogêneo é usado porque supostamente dispersa os manifestantes, mas teve o efeito oposto: enfureceu-os e os radicalizou, o bastante para animar os membros do contingente anarquista Black Bloc, que ousou lançar as latas de volta. O gás pode ser leve e atomizado o bastante para ser lançado ao ar, mas acho que os próximos meses mostrarão que também pode unir poderosamente as propriedades.

[A Ligue des Droits (Liga dos Direitos Humanos) de Quebec acabou por publicar um relatório sobre a violência policial durante a Cúpula. O relatório documentou vários incidentes que não foram relatados, inclusive que a polícia usou uma mira a laser para atirar uma bala de plástico nos genitais de um manifestante. Um homem já deitado no chão foi atingido por uma arma de efeito moral da polícia, e uma mulher em pernas de pau vestida de Estátua da Liberdade foi atingida nos joelhos por um canhão de água quando se aproximava da cerca. O mesmo relatório detalhou os maus-tratos estarrecedores dos que foram presos. Alguns manifestantes foram mantidos algemados em ônibus da polícia por oito horas em áreas cheias de gás antes que fossem levados para a cadeia. Uma vez lá, muitos foram despidos para a revista e atingidos por um jato de água fria — a "descontaminação" do gás. E apesar do fato de que as autoridades tenham esvaziado a prisão local antes dos protestos (a um custo de cinco milhões de dólares), muitos presos foram mantidos em grupos de quatro ou cinco em celas individuais.]

Acostumando-se com a violência

Como anos de brutalidade policial culminaram na morte do manifestante italiano Carlo Giuliani

Agosto de 2001

Em 20 de julho de 2001, na reunião do G-8 em Gênova, a polícia italiana atirou em um manifestante de 23 anos, Carlo Giuliani, à queima-roupa, na cabeça, e atropelou seu corpo com um jeep. Este é um excerto de um discurso feito em Reggio Emilia, na Itália, um mês depois do Festival dell'Unità.

Venho fazendo a cobertura dessa onda de protestos há cinco anos. E tenho observado com horror como a polícia passou do spray de pimenta para o gás lacrimogêneo de massa; do gás lacrimogêneo para as balas de borracha; das balas de borracha para munição real. Só neste verão, vimos a escalada de vários ataques a manifestantes em Gothenburg, na Suécia, e, em Gênova, um manifestante ser morto a tiros, depois atropelado por um jeep da polícia. Perto dali, militantes que dormiam foram acordados e espancados ferozmente, seus dentes espalhados pelo chão.

Como isso pôde acontecer com tanta rapidez? Tenho de concluir, com muito pesar, que aconteceu porque nós permitimos que acontecesse, e por "nós" quero dizer todos os bons liberais de esquerda na mídia, no meio acadêmico e nas artes que dizem a si mesmos que acreditam nas liberdades civis. No Canadá, quando começamos a ver a polícia lançar spray de pimenta e revistar jovens militantes alguns anos atrás, houve um clamor público. Foi primeira página dos jornais. Fizemos perguntas e exigimos respostas, responsabilidade da polícia. As pessoas diziam, estes são nossos filhos, idealistas, os líderes do futuro. Mas você raramente ouve esse tipo de sentimento expresso diante da violência policial contra manifestantes atualmente. A falta de investigação pelos jornalistas, a falta de reação dos partidos de esquerda, de acadêmicos, de ONGs que existem para proteger a liberdade de expressão tem sido escandalosa.

Os jovens militantes têm encarado um enorme escrutínio público por seus atos; suas motivações e suas táticas têm sido questionadas. Se a polícia enfrentasse um décimo do exame que sofre este movimento, talvez a brutalidade que vimos no mês passado em Gênova não acontecesse. Digo isso porque a última vez em que estive na Itália foi em junho, mais de um mês antes dos protestos. Na época, já era evidente que a polícia estava saindo de controle, com suas desculpas prontas para um desrespeito das liberdades civis e montando o cenário para a extrema violência. Antes que um só ativista tivesse chegado às ruas, um estado de emergência preventivo fora essencialmente declarado: aeroportos foram fechados e grande parte da cidade cercada por cordões de isolamento. Todavia, quando vim à Itália pela última vez, todas as discussões públicas se concentravam não nessas violações das liberdades civis, mas na suposta ameaça representada pelos ativistas.

A brutalidade policial se alimenta da indiferença pública, introduzindo-se em fendas sociais que ignoramos há muito tempo. A *Newsweek* descreveu a morte de Carlo Giuliani como o "primeiro derramamento de sangue" do movimento. Mas isso suprime convenientemente o sangue que com tanta freqüência é derramado quando os protestos contra o poder corporativo acontecem nos países pobres, ou em partes empobrecidas de países ricos, quando os que resistem não são brancos.

Duas semanas antes do G-8 chegar a Gênova, três estudantes foram mortos em Papua-Nova Guiné quando protestavam contra um esquema de privatização do Banco Mundial. Mal chegou aos noticiários. No entanto foi a mesma questão que trouxe milhares às ruas durante os chamados protestos antiglobalização.

Não é uma coincidência que a violência policial sempre prospere em comunidades marginalizadas, quer as armas sejam apontadas para comunidades zapatistas em Chiapas, no México, ou para comunidades indígenas no pacífico Canadá, quando militantes das First Nations decidem usar a ação direta para defender suas terras.

A polícia segue o nosso exemplo: quando avançamos, ela avança. Sua verdadeira munição não são as balas de borracha e o gás lacrimogêneo. É o nosso silêncio.

Fabricando ameaças

O governo italiano desrespeita as liberdades civis depois de Gênova

5 de setembro de 2001

Parte do ritual turístico de vaguear pela Itália em agosto é se maravilhar com o modo como os habitantes dominam a arte de viver – e depois lamentam-se amargamente todas aquelas lojas fechadas.

"Tão civilizado", ouvimos de americanos comentando os quatro pratos do almoço. "Agora alguém abre essa loja e me vende um Prada!" Este ano, agosto na Itália foi literalmente diferente. Muitas cidades litorâneas do sul onde os italianos se escondem dos turistas ficaram meio vazias, e as cidades não pararam. Quando cheguei duas semanas atrás, jornalistas, políticos e militantes relatavam que era o primeiro verão de sua vida em que não teriam um só dia livre.

E como poderiam? Primeiro houve Gênova, e então Pós-Gênova.

Os efeitos dos protestos contra o G-8 em julho estão redesenhando a paisagem política do país – e todos querem uma oportunidade de moldar os resultados. Os jornais estão batendo recordes de circulação. As reuniões – qualquer uma de cunho político – estão explodindo de gente. Em Nápoles, fui a uma sessão de planejamento de militância sobre uma próxima reunião da Otan; mais de setecentas pessoas se comprimiam em uma sala de aula sufocante para discutir "a estratégia do movimento Pós-Gênova". Dois dias depois, perto de Bolonha, uma conferência sobre política Pós-Gênova atraiu duas mil pessoas; elas permaneceram até as onze da noite.

As apostas nesse período são altas. Será que as duzentas mil pessoas (alguns dizem trezentas mil) nas ruas compõem uma força irreprimível que acabará derrubando o primeiro-ministro Silvio Berlusconi? Ou Gênova é apenas o começo de um longo silêncio, uma época em que os cidadãos irão comparar reuniões de massa com violência apavorante?

Nas primeiras semanas depois da reunião de cúpula, a atenção estava concentrada diretamente na brutalidade da polícia italiana: a morte do jovem Carlo Giuliani, relatos de tortura nas prisões, a batida sangrenta no meio da noite na escola onde os militantes dormiam.

Mas Berlusconi, formado em publicidade, não está aí para renunciar ao significado de Gênova tão facilmente. Nas últimas semanas, ele tem se atribuído furiosamente o papel de "um bom pai", determinado a salvar sua família do perigo iminente. Na falta de uma ameaça real, ele fabricou uma – uma obscura conferência das Nações Unidas sobre a fome, programada para Roma de 5 de novembro a 9 de novembro de 2001. Para grande estardalhaço da mídia, Berlusconi anunciou que a reunião da Organização das Nações Unidas para a Agricultura e a Alimentação (FAO) não acontecerá na "sagrada Roma", porque "Eu não quero ver nossas cidades destruídas e queimadas". Em vez disso, acontecerá em algum lugar remoto (da mesma forma que os planos do Canadá de fazer a próxima reunião do G-8 na isolada Kananaskis, em Alberta).

Isso representa, na melhor das hipóteses, uma luta com um inimigo imaginário. Ninguém planejou destruir a reunião da FAO. O evento teria atraído algum protesto menor, principalmente dos críticos de alimentos geneticamente modificadas. Alguns esperavam que a reunião seria uma oportunidade para debater as causas básicas da fome, da mesma forma que a Conferência da ONU sobre Racismo em Durban, na África do Sul, progrediu para a discussão das reparações de escravidão.

Jacques Diouf, diretor da FAO, parece encantado com a atenção inesperada. Afinal, apesar de estar sobrecarregado com a opressiva tarefa de reduzir a fome do mundo à metade, a FAO quase não atrai nenhum interesse de fora — de políticos ou de manifestantes. O maior problema da organização é que é tão irrefutável que chega a ser praticamente invisível.

"Por todos esses argumentos sobre a mudança de lugar, gostaria de dizer que sou muito grato", disse Diouf aos repórteres na semana passada. "Agora as pessoas em todo país sabem que existirá uma reunião para falar do problema da fome." [No fim, a reunião foi adiada para junho de 2002. Aconteceu em Roma, sem nenhum incidente.]

Mas muito embora a ameaça de violência contra a FAO tenha sido imaginada por Berlusconi, seus atos são parte de um ataque sério às liberdades civis na Itália Pós-Gênova. No domingo, o ministro das Relações Parlamentares da Itália, Carlo Giovanardi, disse que durante a reunião da FAO de novembro, "manifestações na capital serão proibidas. É um dever", disse ele, "banir manifestações em certos lugares e em certas épocas". Pode haver uma proibição semelhante sobre reunião pública em Nápoles durante a próxima reunião dos ministros da Otan, que também foi transferida para uma base militar nos arredores da cidade.

Houve até quem falasse de cancelar um concerto de Manu Chao em Nápoles na última sexta-feira. O músico apóia os zapatistas, canta sobre os imigrantes "ilegais" e tocou para multidões em Gênova. Isso, aparentemente, foi o bastante para a polícia farejar um tumulto em evolução. Em um país que lembra a lógica do autoritarismo, tudo isso é muito familiar: primeiro crie um clima de medo e tensão, depois suspenda os direitos constitucionais no interesse de proteger a "ordem pública".

Até agora, os italianos não parecem dispostos a dar uma vantagem a Berlusconi. O concerto de Manu Chao aconteceu como planejado. Não houve, é claro, nenhuma violência. Mas setenta mil pessoas dançaram como loucas sob a chuva, uma libertação muito necessária depois de um verão longo e difícil.

A multidão de policiais que cercavam o concerto olhava. Pareciam cansados, como se tivessem tirado o dia de folga.

Aderindo ao espetáculo

Será o início de um McMovimento?

Maio de 2001

A idéia de transformar Londres em um tabuleiro de Banco Monopólio de tamanho real no 1º de Maio parecia ótima.

Apesar da crítica familiar ouvida pelos manifestantes modernos de que eles não têm foco nem metas claras como "Salve as árvores" ou "Suspenda a dívida", a onda atual de militância anticorporação é em si uma resposta às limitações de políticas voltadas para uma só questão. Cansados de tratar dos sintomas de um modelo econômico – hospitais sem financiamento, falta de habitação, disparidade crescente, prisões explodindo, mudança climática –, os militantes agora fazem uma tentativa clara de "revelar" o sistema por trás dos sintomas. Mas como fazer um protesto contra idéias econômicas abstratas sem parecer horrorosamente estridente ou completamente antiquado?

Como usar o jogo de tabuleiro que ensinou gerações de crianças sobre a propriedade de terra? Os organizadores do protesto Monopólio do Dia do Trabalho publicaram mapas anotados de Londres mostrando lugares familiares como a Regent Street, Pall Mall e Trafalgar Square, estimulando os participantes a localizar seus atos de 1º de Maio no tabuleiro de Monopólio. Quer protestar contra a privatização? Vá à estação de trem. Contra a agricultura industrial? Vá ao McDonald's da

King's Cross. Combustíveis fósseis? A empresa de eletricidade. E sempre leve seu cartão "Sair da cadeia livre".

O problema foi que na tarde de ontem Londres não parecia uma mescla engenhosa de educação popular e teatro de rua. Parecia muito mais outro protesto de massa dos dias de hoje: manifestantes apanhados em batidas policiais, janelas quebradas, lojas com tapumes, brigas rápidas com a polícia. E nas guerras da mídia pré-protesto havia mais *déjà vu*. Os manifestantes planejavam a violência? Será que a presença de seis mil policiais provocou a violência? Por que todos os manifestantes não condenavam a violência? Por que todos sempre falavam de violência?

Isso, ao que parece, é o que os protestos parecem hoje em dia. Vamos chamar de McProtesto, porque está se tornando o mesmo em toda parte. E é claro que escrevi sobre tudo isso antes. Na verdade, quase todos os meus últimos artigos foram sobre o direito de se reunir, cercas de segurança, gás lacrimogêneo e prisões furtivas. Ou tentaram espalhar idéias intencionalmente deturpadas sobre os manifestantes — por exemplo, que eles são "anticomércio" ou que anseiam por uma utopia pré-agrária.

É um artigo de fé em muitos círculos militantes que as manifestações de massa sempre são positivas: elas levantam o ânimo, exibem força, atraem atenção da mídia. Mas o que aparentemente está sendo deixado de lado é que as próprias manifestações não são um movimento. Elas são somente exibições rápidas de movimentos diários, fundamentados em faculdades, locais de trabalho e bairros. Ou pelo menos deviam ser.

Continuo pensando no dia histórico, em 11 de março deste ano, quando os comandantes zapatistas entraram na Cidade do México — o exército que liderou um levante bem-sucedido contra o Estado, e ainda assim os moradores da Cidade do México não tremeram de medo. Duzentos mil deles saíram para saudar os zapatistas. As ruas foram fechadas para o trânsito, mas ninguém parecia preocupado com a inconveniência criada para quem ia e vinha do trabalho. E os lojistas não arriaram suas portas; fizeram liquidações da "revolução".

Isso é porque os zapatistas são menos perigosos que alguns anarquistas urbanos de macacão branco? Dificilmente. Foi porque a marcha sobre a Cidade do México teve sete anos de preparação (alguns diriam quinhentos anos, mas aí já é outra história). Anos de formação de coalizões com outros grupos indígenas, com trabalhadores nas fábricas *maquiladoras*, com estudantes, intelectuais e jornalistas; anos de consultas às massas, de *encuentros* abertos de seis mil pessoas. O evento na Cidade do México não foi o movimento; foi apenas uma demonstração pública de todo aquele trabalho diário invisível.

Os movimentos de resistência mais poderosos são sempre profundamente enraizados na comunidade — e são responsáveis por essas comunidades. Mas um dos maiores desafios de viver em uma cultura consumista, que estava sendo motivo de protesto em Londres ontem, é a realidade do desarraigamento. Poucos de nós conhecem os vizinhos, falam muito mais no trabalho do que nas compras ou tem tempo para a política comunitária. Como pode um movimento ser responsável quando as comunidades estão desgastadas?

Em um contexto de desarraigamento urbano, há claramente momentos para se manifestar, mas, talvez mais importante, há momentos para construir as conexões que fazem da manifestação algo mais que teatro. Há horas em que o radicalismo significa enfrentar a polícia, mas há muitas outras horas em que significa falar com seu vizinho.

As questões por trás das manifestações de 1º de Maio não são mais marginais. Escassez de alimentos, engenharia genética, mudança climática, desigualdade de renda, esquemas de privatização fracassados — tudo isso é notícia de primeira página. Mas algo está gravemente errado quando os protestos ainda parecem desarraigados, afastados de preocupações diárias urgentes. Isso significa que o espetáculo de exibir um movimento está sendo confundido com o negócio menos glamouroso de construir um movimento.

IV
TIRANDO PROVEITO DO TERROR

[Em que o 11 de setembro é usado para silenciar a crítica, pressionar por novos acordos comerciais, *"rebranding"* os EUA — e fazer da compra de sutiãs um dever patriótico]

O cálculo brutal do sofrimento

Quando algumas vidas parecem importar mais que outras

Outubro de 2001

Este discurso foi feito na conferência Mediemötet 2001 em Estocolmo, na Suécia. A "Reunião de Mídia" foi um encontro de três dias de jornalistas em comemoração do centésimo aniversário da Federação Sueca de Jornalismo.

É um privilégio poder me dirigir a tantos jornalistas suecos de destaque neste importante momento para nossa profissão. Quando fui convidada a esta conferência seis meses atrás, pediram-me que falasse de globalização e concentração corporativa na mídia, bem como das questões que estão no cerne dos movimentos de protesto globais: o aumento da desigualdade e a tendenciosidade internacional. Ainda vou mencionar estes temas, mas também vou discutir como eles se relacionam com os eventos que sei que estão em nossa mente hoje: os ataques no mês passado aos Estados Unidos e a campanha contínua de bombardeio americano no Afeganistão.

Para este fim, deixe-me começar com uma história. Quando eu tinha 23 anos, tive meu primeiro emprego na mídia como editora de texto em um jornal. O jornal fechava às onze da noite, mas duas pessoas ficavam até uma da manhã para o caso de surgir alguma notícia que fosse tão importante que merecesse refazer a primeira página. Na primeira noite em que era minha vez de ficar até tarde, um tornado em um estado do sul dos EUA matou três pessoas, e o editor sênior decidiu refazer a primeira página. Em minha segunda noite, li no telégrafo que 114 pessoas haviam sido mortas no Afeganistão, e assim eu zelosamente fiz sinal ao editor sênior. Lembrem-se de que eu era jovem, e parecia para mim que se três pessoas garantiam a reelaboração da primeira página, então 114 pessoas certamente seriam classificadas como um importante evento a ser noticiado. Jamais me esqueci do que o editor me disse. "Não se preocupe", disse ele, "essa gente se mata o tempo todo."

Desde 11 de setembro, venho pensando naquele incidente, sobre como nós na mídia participamos de um processo que confirma e reconfirma a idéia de que a morte e o assassinato são trágicos, extraordinários e intoleráveis em alguns lugares e banais, comuns, inevitáveis e até esperados em outros.

Porque, francamente, ainda trago parte daquela ingenuidade dos 23 anos. E ainda acho que a idéia de que um sangue é precioso e outro é barato não é apenas moralmente errada, mas ajudou a nos trazer a este momento sangrento de nossa história.

Esse cálculo frio, brutal e quase inconsciente funciona desta forma em nossa psique global compartilhada, nos deturpa e mutila. Reproduz a imprudência dos que sabem que são invisíveis, que eles não estão entre os que importam. Seríamos nós, na mídia, observadores neutros dessa matemática mortal?

Não. Infelizmente, somos nós que fazemos grande parte da contagem. Somos nós que temos o poder de escolher que vidas são apresentadas em cores, e quem vai aparecer em preto-e-branco. Somos nós que decidimos quando lamentar uma "tragédia" e quando dar de ombros para o que é "comum"; quando celebrar heróis e quando deixar que estatísticas frias contem a história; quem passa a ser vítima anônima — como os africanos mortos nos atentados a bomba na embaixada americana em 1998 — e quem tem uma história, uma família, uma vida — como os bombeiros em Nova York.

Em 11 de setembro, assistindo às reprises na TV dos prédios explodindo repetidamente em Nova York e Washington, não pude deixar de pensar em todas as vezes que a cobertura da mídia nos protegeu de horrores semelhantes em outros lugares do mundo. Durante a Guerra do Golfo, por exemplo, não vimos prédios reais explodindo ou pessoas fugindo, vimos um campo de batalha estéril do tipo Space Invaders, uma visão rápida de alvos de concreto — eles estavam lá e de repente sumiram. Quem estava naqueles polígonos abstratos? Nunca descobriremos.

Os americanos ainda não têm uma cobertura regular dos bombardeios contínuos no Iraque pela CNN, nem estão debatendo histórias de interesse humano sobre os efeitos devastadores de sanções econômicas sobre as crianças do país. Depois do bombardeio em 1998 de uma fábrica de medicamentos no Sudão (confundida com uma instalação de armas químicas), não houve muitos relatos subseqüentes sobre a falta que a fabricação de vacina faria na prevenção de doenças da região.

E quando a Otan bombardeou alvos civis no Kosovo — inclusive mercados, hospitais, comboios de refugiados, trens de passageiros — a NBC não fez entrevistas "de rua" com sobreviventes sobre como ficaram chocados com a destruição indiscriminada.

O que passou a ser chamado de "cobertura videogame da guerra" é apenas um reflexo da idéia que tem norteado a política externa americana desde a Guerra do Golfo: de que é possível intervir em conflitos em todo o mundo — no Iraque, no Kosovo, no Afeganistão — com o menor número possível de baixas americanas. O governo dos Estados Unidos passou a acreditar no oximoro definitivo: uma guerra segura.

E essa é a lógica, espelhada repetidamente em nossa cobertura desigual dos conflitos globais, que está ajudando a nutrir uma onda de raiva cega em muitas partes do mundo, uma raiva da assimetria persistente do sofrimento. É esse o contexto em que os desvirtuados que buscam vingança têm menos a ver com um conjunto de exigências concretas do que com uma necessidade visceral dos cidadãos americanos de compartilhar sua dor.

É fácil para nós da mídia dizermos a nós mesmos que não temos escolha a não ser participar desse cálculo brutal. É claro que nos importamos mais com a perda de algumas pessoas do que de outras. O mundo simplesmente é cheio demais de banhos de sangue para sofrermos com cada morte, até com cada massacre em massa. Assim, fazemos distinções arbitrárias só para conseguir atravessar o dia: preocupamo-nos com as crianças mais do que com os adultos; preocupamo-nos com as pessoas que são parecidas conosco mais do que com quem não é.

Talvez isso seja natural, se nos arriscarmos a usar tal palavra. Mas esses cálculos tornam-se muito mais problemáticos no contexto dos impérios de mídia global que se consolidam rapidamente e agora são as principais fontes de notícias para tantas pessoas no mundo. A CNN, a BBC e a NewsCorp — embora tentem parecer internacionais, até sem pátria — ainda transmitem as notícias de perspectivas claramente americanas e européias. Quando dizemos "nós", é um nós filtrado em Atlanta, Londres ou Nova York. A questão é: O que acontece quando os estreitos pressupostos culturais desse "nós" são irradiados para os cantos mais afastados de nosso mundo profundamente dividido, maldisfarçado de um "nós" global?

Esse processo de universalização raramente é questionado, especialmente por aqueles que produzem a mídia global. Assume-se que compartilhamos uma cultura agora; assistimos aos mesmos filmes ruins, todos adoramos Jennifer Lopez, calçamos Nikes e comemos McDonald's, e assim naturalmente devemos lamentar as mesmas mortes: de Diana ou dos bombeiros de Nova York. Mas a transmissão é inevitavelmente de uma só via. O "nós" global — definido por Londres e Nova York — agora alcança lugares que evidentemente não estão incluídos em seus estreitos perímetros, em lares e bares onde as perdas locais não são tratadas como perdas globais, onde essas perdas locais são de certa forma reduzidas em relação às grandes perdas, à globalidade de nossa própria dor projetada.

Como jornalistas, talvez não encaremos verdadeiramente os efeitos de nossos cálculos, mas não podemos mais evitá-los. Nossas tendenciosidades provincianas, graças aos satélites globais, estão aí para que todos as vejam e, à medida que globalizamos nosso sofrimento, "eles" recebem a mensagem de que eles não são "nós" – não fazem parte do "nós" global. E se enfurecem muito.

Desde 11 de setembro, falei com amigos da África do Sul e do Irã que estão furiosos com o enorme pesar exigido deles em resposta aos ataques. Eles dizem que é racista pedir ao mundo que chore e se vingue das mortes americanas quando tantas mortes em seus países continuam sem qualquer lamentação, sem serem vingadas. Tenho afirmado a esses amigos que é um impasse moral, que prantear as perdas terríveis uns dos outros certamente é o que significa ser humano. E no entanto, como vim a admitir, com muita relutância, talvez eu esteja pedindo demais. Talvez daqueles que têm visto tanta indiferença com a perda de seus entes queridos, tanta assimetria de compaixão, nós no Ocidente tenhamos, pelo menos temporariamente, perdido o direito de esperar que também se apiedem de nós.

No Canadá, acabamos de passar por um escândalo com muita exposição na imprensa, porque uma das maiores feministas do país referiu-se à política externa americana como "banhada em sangue". Inaceitável, muitos disseram, na esteira dos ataques nos EUA. Alguns chegaram a acusá-la de incitar o ódio. Ao se defender de seus críticos, Sunera Thobani, que certa vez emigrou para o Canadá, disse que escolheu suas palavras cuidadosamente para chegar à questão de que, apesar da linguagem sem corpo das bombas inteligentes, armas de precisão e danos colaterais, as vítimas da agressão americana também sangravam.

"É uma tentativa de humanizar essas pessoas em termos profundamente gráficos", escreve ela. "Leva-nos a reconhecer a mera corporalidade do terreno sob o qual as bombas caem e o terror em massa que é produzido. Essa linguagem apela a 'nós' para que reconheçamos que 'eles' sangram como 'nós', que 'eles' sentem dor e sofrem como 'nós'."

Assim, ao que parece, é a "civilização" que estamos combatendo: batalhas sobre quem pode sangrar. "A compaixão", escreveu-me um amigo na semana passada, "não é um jogo de soma zero. Mas há algo também inegavelmente desagradável na hierarquia da morte (1 americano = 2 europeus ocidentais = 10 iugoslavos = 50 árabes = 200 africanos), que é uma parte poder, uma parte riqueza e uma parte raça."

Como criadores da mídia, precisamos olhar com mais profundidade para nosso próprio trabalho, e perguntar a nós mesmos o que estamos fazendo para estimular essa desvalorização de vida humana e a raiva e irresponsabilidade que fluem dela. Tradicionalmente, estamos por demais acostumados a elogiar a nós mesmos, convencidos de que nosso trabalho torna as pessoas mais compassivas, mais conectadas. Lembrem-se de que se esperava que a televisão por satélite trouxesse a democracia ao mundo – ou assim nos disseram em 1989. O presidente da Viacom International, Sumner Redstone, certa vez afirmou: "Colocamos a MTV na Alemanha Oriental, e no dia seguinte o Muro de Berlim caiu", enquanto Rupert Murdoch disse que "a transmissão por satélite permite que os moradores ansiosos por informação de muitas sociedades fechadas se livrem da televisão controlada pelo Estado".

No entanto, uma década depois, agora está claro que, em vez de trazer a democracia, a TV global tem ostentado desigualdades e assimetrias e espalhado ondas de ressentimento. Em 1989, jornalistas ocidentais eram vistos como aliados das lutas de libertação. "Todo o mundo está assistindo", as multidões gritavam durante a Revolução de Veludo e na praça Tiananmen. Agora os jornalistas estão acostumados a ouvir gritos de manifestantes que os vêem como parte de um sistema que persistentemente atenua as desigualdades e marginaliza as vozes discordantes. E nesta semana, tragicamente, alguns jornalistas americanos estão abrindo cartas cheias de um pó branco, de repente, desconcertantemente, sendo personagens na história que eles devem cobrir.

Grande parte deste conflito é sobre quem e o que deve ser visto e ouvido, cujas vidas importam. Os atentados em Nova York e Washington foram claramente planejados não como ataques, mas como espetáculo, por sua carga dramática. E eles foram capturados pelas câmeras de cada ângulo possível, exibidos e reprisados, vividos e revividos. Mas e quanto ao que está acontecendo no Afeganistão neste exato momento? O Departamento de Estado americano pediu às redes de TV e aos jornais que não mostrem os pronunciamentos de Bin Laden porque podem levantar um sentimento antiamericano. E, ao preço de dois milhões de dólares por mês, o Pentágono comprou os direitos exclusivos de toda a capacidade do único satélite privado sobre o Afeganistão a fornecer resolução alta o bastante para que possamos ver seres humanos.

Se víssemos as imagens em nossa televisão — vítimas humanas, fuga de refugiados —, a morte e a destruição no Afeganistão poderia começar, de certa forma, a assumir o mesmo tipo de realidade e humanidade que as mortes em Nova York e Washington. Teríamos de confrontar pessoas reais em vez de olhar um videogame estéril. Mas nenhuma das imagens pode ser liberada sem a aprovação do Departamento de Defesa — jamais.

Essa guerra silenciosa sobre aqueles cujas vidas importam, cujas mortes são coletivamente pranteadas, há muito antedatam 11 de setembro. Na verdade, grande parte do choque de 11 de setembro teve a ver com uma época em que o sofrimento global não era nada invisível na imprensa americana tradicional, antes de ser deixada de lado pela euforia da prosperidade e do comércio.

E assim, em 11 de setembro, a América despertou em meio a uma guerra somente para descobrir que a guerra estava sendo travada há anos – mas ninguém lhe havia contado. Eles estavam ouvindo sobre OJ em vez de sobre os efeitos devastadores das sanções econômicas sobre as crianças iraquianas. Estavam ouvindo sobre Monica em vez das conseqüências do bombardeio daquela fábrica de medicamentos. Estavam aprendendo sobre o *Survivor* em vez de o papel da CIA no financiamento dos guerreiros mujahidin. "Aqui está o problema", escreve a romancista indiana Arundhati Roy, "a América está em guerra contra pessoas que não conhece, porque elas não aparecem muito na TV."

Christopher Isherwood certa vez escreveu sobre os americanos que "os europeus nos odeiam porque nos retiramos para viver em nossas propagandas, como eremitas indo para as cavernas para uma vida contemplativa". Essa retirada em um casulo da mídia auto-referenciado de certa forma explica por que os ataques de 11 de setembro pareceram vir não de outro país, mas de outro planeta – um universo paralelo, tal foi a desorientação e o transtorno.

Mas em vez de rever seu passado e tapar o hiato – de informação, de análise, de compreensão –, em vez disso ouvimos um coro: veio de lugar nenhum, é inexplicável, não tem um passado; "eles" nos odeiam; eles querem nos tirar nossas democracias, nossas liberdades, nossas coisas. Em vez de perguntar por que os ataques aconteceram, nossas redes de televisão simplesmente os exibiam repetidamente.

Quando mais precisam de informação sobre o mundo exterior – e o lugar complicado e turbulento de seu país nele –, os americanos se vêem refletidos, repetidamente, uma vez após outra: americanos chorando, americanos se salvando, americanos alegrando-se, americanos rezando. Um sala de espelhos da mídia, quando o que precisamos é de mais janelas para o mundo.

Os novos oportunistas

As negociações de comércio agora estão impregnadas da probidade de uma guerra santa

Outubro de 2001

Há muitos concorrentes para o prêmio de Maior Oportunista Político desde as atrocidades do 11 de setembro: políticos pressionando por leis que irão mudar a vida enquanto os eleitores ainda estão pranteando, corporações se estabanando em busca de dinheiro público, pensadores acusando seus oponentes de traição. Todavia, entre o coro de propostas draconianas e ameaças macarthianas, uma voz de oportunismo ainda se destaca. Essa voz pertence a Robyn Mazer. Ela está usando o 11 de setembro para pedir uma punição internacional para as camisetas falsificadas.

Não é de surpreender que Mazer seja uma advogada comercial em Washington. Surpreende ainda menos que ela seja especializada em leis comerciais que protegem o maior produto de exportação dos Estados Unidos: o copyright. O que significa música, filmes, logos, patentes de sementes, software e muito mais. Os direitos de propriedade intelectual relacionados com o comércio foi um dos acordos comerciais mais controversos após a reunião da Organização Mundial do Comércio de novembro de 2001 em Qatar. É o campo de batalha para disputas que vão do direito do Brasil de distribuir medicamentos genéricos contra a Aids ao direito do próspero mercado da China de reduzir o preço dos CDs de Britney Spears.

As multinacionais americanas estão desesperadas para ter acesso a esses grandes mercados, mas elas querem proteção. Muitos países pobres, enquanto isso, dizem que o policiamento da lei de direito de propriedade custa milhões, enquanto as restrições sobre a propriedade intelectual aumentam os custos para as indústrias e consumidores locais.

O que qualquer uma dessas brigas comerciais tem a ver com o terrorismo? Nada, absolutamente nada. A menos, é claro, que você pergunte a Robyn Mazer, que escreveu um artigo na semana passada no *Washington Post* com o título, "Das camisetas ao terrorismo; os logos falsos da Nike podem estar ajudando a financiar a rede de Bin Laden".

Ela escreveu: "Desenvolvimentos recentes sugerem que muitos dos governos suspeitos de apoiar a Al Qaeda também estão promovendo, sendo corrompidos por ele, ou pelo menos ignorando o tráfico altamente lucrativo de produtos falsificados e pirateados capazes de gerar imensos fluxos de dinheiro para os terroristas."

"Sugerem", "suspeitos de", "pelo menos", "capazes de" — é muita ambigüidade em uma só frase, especialmente partindo de alguém que já trabalhou no Departamento de Justiça. Mas a conclusão é inambígua: ou você impõe a aplicação da lei de direitos de propriedade intelectual, ou está com os terroristas. Bem-vindo ao admirável mundo novo das negociações comerciais, onde cada cláusula arcana é infundida da justiça de uma guerra santa.

O oportunismo político de Robyn Mazer levanta algumas contradições interessantes. Robert Zoellick, U.S. Trade Representative, tem usado o 11 de setembro para outra meta oportunista: assegurar o poder de negociação "de via rápida" para o presidente George W. Bush, o que lhe daria rédeas soltas para negociar novos acordos comerciais que o Congresso poderia aceitar ou rejeitar, mas nunca propor emendas. De acordo com Zoellick, esses novos poderes são necessários, porque o comércio "promove os valores que estão no cerne dessa luta protelada".

O que os novos acordos comerciais têm a ver com o combate ao terrorismo? Bem, os terroristas, assim dizemos, odeiam a América precisamente porque eles odeiam o consumo: McDonald's, Nike e o capitalismo, quer dizer, a liberdade. Comerciar é portanto desafiar sua cruzada ascética, espalhar os mesmos produtos que eles abominam.

Mas espere um minuto: e quanto àqueles produtos falsificados que Mazer diz que estão bancando o terror? No Afeganistão, afirma ela, você pode comprar "camisetas trazendo logos da Nike falsos e glorificando Bin Laden como 'O maior *mujahid* do islã'". Parece que estamos enfrentando um cenário muito mais complicado que a dicotomia fácil de um McMundo consumista contra um *jihad* anticonsumo. Se Mazer está certa, não só são dois mundos completamente emaranhados, mas o imaginário do McMundo está sendo usado para financiar o *jihad*.

Talvez um pouco de complexidade não seja tão ruim. Parte da desorientação que muitos americanos enfrentam tem a ver com o lugar inflado e supersimplificado que o consumismo ocupa na narrativa americana. Comprar é ser. Comprar é amar. Comprar é votar. As pessoas de fora dos EUA que querem Nikes — até Nikes falsificados — devem querer ser americanas, devem adorar a América, devem de certa forma optar por qualquer coisa que a América represente.

Este tem sido o conto de fadas desde 1989, quando as mesmas empresas de mídia que estão nos trazendo a "guerra contra o terrorismo" da América proclamavam que seus satélites de televisão derrubariam ditaduras em todo o mundo. O consumo levaria à liberdade. Mas todas essas narrativas fáceis estão desmoronando: o autoritarismo coexiste com o consumismo, o desejo por produtos americanos é misturado com a raiva pela desigualdade.

Nada expõe essas contradições com mais clareza de que as guerras comerciais sobre os produtos "falsos". A pirataria prospera nas crateras profundas da desigualdade global, quando a demanda por bens de consumo está décadas à frente do poder de compra. Prospera na China, onde os bens feitos em sweatshops para exportação são vendidos por um valor maior do que os trabalhadores das fábricas ganham em um mês. Na África, onde o preço de medicamentos contra a Aids são uma piada cruel. No Brasil, onde os piratas de CDs são festejados como Robin Hoods da música.

A complexidade é ruim para o oportunismo. Mas nos ajuda a chegar mais perto da verdade, mesmo que isso signifique procurar muita falsificação.

Capitalistas camicases

Durante as conversações da OMC em Qatar, os negociadores do comércio eram os verdadeiros fiéis

Novembro de 2001

Como classificar alguém que acredita tão firmemente na promessa de salvação através de um conjunto de regras rígidas que está disposto a arriscar a própria vida para divulgar essas regras: um fanático religioso? Um guerreiro santo? Que tal um negociador americano do comércio?

Na sexta-feira, a Organização Mundial do Comércio começa sua reunião em Doha, no Qatar. De acordo com as instruções de segurança dos Estados Unidos, há motivos para crer que a Al Qaeda, que tem muitos fãs no estado do golfo Pérsico, conseguiu colocar alguns de seus agentes no país, inclusive um especialista em explosivos. Alguns terroristas podem até estar infiltrados no exército do Qatar. Dadas estas ameaças, você pode pensar que os Estados Unidos e a OMC teriam cancelado a reunião. Mas não esses verdadeiros crentes.

Em vez disso, os delegados americanos estão munidos de máscaras de gás, rádios intercomunicadores e drogas para combater o bioterrorismo. (Os delegados canadenses também trouxeram os medicamentos.) Como negociadores brigam por subsídios agrícolas, pelo corte de madeira branca e patentes farmacêuticas, helicópteros estarão esperando para levar rapidamente os delegados americanos a aviões estacionados no golfo

Pérsico, prontos para uma fuga no estilo Batman. É seguro dizer que Doha não é sua negociação comercial média; é algo novo. Chame-o de Capitalismo camicase.

Na semana passada, o representante de Comércio dos EUA Robert Zoellick elogiou sua delegação por estar disposta a "se sacrificar" em face de tais "riscos indubitáveis". Por que eles estão fazendo isso? Provavelmente pelo mesmo motivo pelo qual uma pessoa sempre arrisca sua vida por uma causa: eles acreditam em um conjunto de regras que prometem a transcendência.

Neste caso, o deus é o crescimento econômico, e ele promete nos salvar da recessão global. Novos mercados a acessar, novos setores a privatizar, novos regulamentos a cortar — haverá muitas setas no canto de nossa tela de TV apontando para o céu mais uma vez.

É claro que o crescimento não pode ser criado em uma reunião, mas Doha pode realizar mais alguma coisa, algo mais religioso que econômico. Ela pode mandar "um sinal" ao mercado, um sinal de que o crescimento está a caminho, que a expansão está próxima. E uma nova e ambiciosa rodada de negociações da OMC é o sinal que eles estão esperando. Para países ricos como os nossos, o desejo deste sinal é desesperado. É mais premente que quaisquer problemas possíveis com as regras atuais da OMC, problemas levantados principalmente por países pobres alimentados com um sistema que os pressiona a derrubar suas barreiras comerciais enquanto os países ricos continuam erguendo as suas.

Assim, não é surpresa que os países pobres sejam seus oponentes mais fortes nesta rodada. Antes que eles concordem em expandir drasticamente o alcance da OMC, muitos estão pedindo aos países ricos que cumpram suas promessas da rodada anterior. Há grandes controvérsias girando em torno de subsídios agrícolas e dumping, de tarifas sobre vestuário e o patenteamento de formas de vida. A questão mais controversa é a patente de drogas. A Índia, o Brasil, a Tailândia e uma coalizão de países africanos querem uma linguagem clara afirmando que as patentes sejam derrubadas para proteger a saúde pública. Os EUA e o Canadá não estão apenas resistindo — estão resistindo mesmo com seus próprios delegados enviados ao Qatar lançando Cipros com desconto, abrindo à força o caminho para a Bayer, usando exatamente o tipo de tática de pressão que eles chamam de práticas de comércio injustas.

Tais preocupações não se refletem no projeto da declaração ministerial. É por isso que a Nigéria desacreditou a OMC como "unilateral" e "despreocupada com as questões dos países em desenvolvimento e dos menos desenvolvidos". O embaixador da Índia na OMC disse na semana passada que esse rascunho "dá a impressão desagradável de que não há uma tentativa séria de colocar as questões de importância para os países em desenvolvimento em pauta".

Esses protestos causaram pouca impressão na OMC. O crescimento é o único deus nas negociações, e quaisquer medidas que possam reduzir os lucros ainda que somente um pouco — de empresas farmacêuticas, companhias de água, petrolíferas – são tratadas pelos crentes como se estivessem do lado dos infiéis e malfeitores.

O que estamos testemunhando é o comércio ser "empacotado" (no estilo Microsoft) com a lógica do "se não está conosco está contra nós" do "combate ao terrorismo". Na semana passada, Zoellick explicou que "ao promover o programa da OMC (...) essas 142 nações podem conter o destrucionismo revulsivo do terrorismo". Os mercados abertos, disse ele, são "um antídoto" ao "rejeicionismo violento" dos terroristas. (Apropriadamente, há não-argumentos junto de palavras fabricadas.)

Em seguida ele apelou aos membros da OMC para deixarem de lado preocupações insignificantes com a fome em massa e a Aids e se unir à frente econômica da guerra americana. "Esperamos que os representantes que se encontram em Doha percebam seus interesses maiores", disse ele.

As negociações de comércio tratam de poder e oportunidade, e para os Capitalistas camicases de Doha, o terrorismo é apenas outra oportunidade para a alavancagem. Talvez seu slogan possa ser a máxima nietzschiana: O que não nos mata nos torna mais fortes. Muito mais fortes.

O apavorante retorno dos grandes homens

Quando algumas pessoas decidem viver mais do que a vida, todos somos atropelados

Dezembro de 2001

Desde a liberação do vídeo, cada gesto, risinho e palavra de Osama bin Laden tem sido dissecado. Mas com toda a atenção em Bin Laden, sua co-estrela no vídeo, identificada na transcrição oficial somente como "xeque", recebeu pouco exame. O que é muito ruim, uma vez que não importa quem seja este homem (e as teorias são várias), ele oferece uma rara janela para a psicologia dos homens que pensam que o assassinato em massa é o grande jogo.

Um tema que aparece repetidamente nos monólogos modorrentos do convidado de Bin Laden é a idéia de que eles vivem em uma época tão grande quanto a descrita no Corão. Esta guerra, observa ele, é como "nos dias do profeta Maomé. Exatamente como o que está acontecendo bem agora". Ele prossegue dizendo que "será semelhante aos primeiros dias do Al-Mujahidin e do Al-Ansar [semelhantes aos primeiros dias do islamismo]". E só para o caso de que não tenhamos entendido o quadro: "Como os velhos tempos, como o Abu Bakr e Uthman e Ali e os outros. Naquele tempo, em nossa época..."

É fácil debitar essa nostalgia à teoria habitual sobre os seguidores de Osama bin Laden presos à Idade Média. Mas os comentários parecem refletir algo mais. Não é um estilo de vida ascético que eles anseiam, mas a idéia de viver em épocas míticas, quando os homens eram semelhantes a Deus, as batalhas eram épicas e a história era escrita com H maiúsculo. Dane-se Francis Fukuyama, eles parecem dizer. A história não terminou ainda. Nós a estamos fazendo, bem aqui, e neste exato momento!

É uma idéia que ouvimos de muitos cantos desde 11 de setembro, uma volta à grande narrativa: homens eleitos, impérios do mal, planos mestres e grandes batalhas. Todos são ferozmente atrasados no estilo. A Bíblia, o Corão, o Choque de Civilizações, *O senhor dos anéis* – tudo subitamente terminando "naquele tempo, em nossa época".

Essa narrativa de redenção é nosso mito mais persistente, e tem um aspecto perigoso. Quando alguns homens decidem viver seus mitos, ser muito atraentes, não se pode evitar um impacto sobre todos aqueles cuja vida se desenrola de forma normal. As pessoas de repente parecem comparativamente insignificantes, fáceis de sacrificar em nome de algum propósito maior.

Quando o Muro de Berlim caiu, achamos ter enterrado uma narrativa épica em seu entulho. Foi a vitória decisiva do capitalismo.

A teoria do fim da história de Francis Fukuyama foi compreensivelmente enfurecedora para aqueles que perderam essa batalha de gladiadores, defendam eles um triunfo para o capitalismo global ou, no caso de Osama bin Laden, uma versão imperialista do islã. O que está claro depois de 11 de setembro, contudo, é que o fim da história também passou a ser uma vitória vã para os adeptos da guerra fria da América. Parece que, desde 1989, muitos deles não encontram sua narrativa épica, como se estivessem em um limbo perdido.

Durante a guerra fria, o consumo nos Estados Unidos não era uma questão de recompensa pessoal; era uma frente econômica da grande batalha. Quando os americanos iam às compras, estavam participando do estilo de vida que os comunas supostamente iam derrubar. Quando os shoppings caleidoscópicos foram comparados com as lojas cinzentas e áridas de Moscou, a questão não era que nós no Ocidente tivéssemos acesso fácil a uma Levi's 501. Nessa narrativa, nossos shoppings representavam a liberdade e a democracia, enquanto prateleiras vazias deles eram metáforas do controle e da repressão.

Mas, quando a guerra fria terminou e seu pano de fundo ideológico foi arrancado, evaporou-se o significado grandioso das compras. Sem ideologia, comprar era apenas, bom, comprar. A resposta do mundo corporativo foi um "*branding* do estilo de vida": uma tentativa de restaurar o consumismo como uma busca filosófica ou política, ao vender idéias poderosas em vez de meros produtos. Campanhas publicitárias começaram a igualar os suéteres da Bennetton com o combate ao racismo, os móveis Ikea com a democracia e os computadores com a revolução.

O *branding* do estilo de vida preencheu o vácuo de "significado" das compras por algum tempo, mas não foi o bastante para satisfazer as ambições dos soldados da guerra fria da velha escola. Culturalmente exilados em um mundo que eles criaram, aqueles falcões desgostosos passaram sua década mais triunfante não se aquecendo ao sol do novo poder inconteste da América, mas resmungando sobre como os EUA se tornaram "moles", feminilizados. Foi uma orgia de indulgência personificada em Oprah e Bill Clinton.

Mas depois de 11 de setembro a História voltou. Mais uma vez os compradores são soldados em uma batalha entre o bem e o mal, vestindo novos Stars e sutiãs Stripes de Elita e pipocando M&Ms vermelhos, brancos e azuis em edição especial.

Quando os políticos americanos instam seus cidadãos a lutarem contra o terrorismo comprando, trata-se de mais do que alimentar uma economia adoentada. É mais uma vez uma questão de embrulhar o cotidiano no mítico, bem a tempo para o Natal.

A América não é um hambúrguer

A tentativa da América de fazer seu *"rebranding"* no exterior pode ser um fiasco pior que a Nova Coke

Março de 2002

Quando a Casa Branca decidiu que era hora de se voltar para a maré crescente do antiamericanismo em todo o mundo, ela não pediu ajuda aos diplomatas. Em vez disso, coerente com a filosofia da administração Bush, para a qual aquilo que o setor público possa fazer o setor privado fará melhor, ela contratou uma das maiores gerentes de marca da Madison Avenue.

Como subsecretária de Estado para Diplomacia e Assuntos Públicos, Charlotte Beers tem a atribuição não de melhorar as relações públicas com outros países, mas de fazer uma revisão na imagem dos EUA no exterior. Beers não tem experiência no Departamento de Estado, mas ocupou altos cargos nas agências de publicidade J. Walter Thompson e Ogilvy & Mather, e ela cria marcas para tudo, de alimento para cães a furadeiras elétricas.

Agora está sendo solicitada a fazer sua mágica no maior desafio de *branding* de todos: vender os Estados Unidos e sua "guerra ao terrorismo" a um mundo cada vez mais hostil. A nomeação de uma profissional de publicidade para este cargo compreensivelmente suscitou algumas críticas, mas o secretário de Estado Colin Powell as descartou: "Não há nada de errado em ter alguém que sabe vender alguma coisa. Estamos vendendo um produto. Precisamos de alguém que possa dar outra marca à política externa americana, à diplomacia." Além disso, disse ele, "ela me levou a comprar arroz Uncle Ben's". Então por que, somente cinco meses depois, a campanha para uma nova e melhorada marca USA parece uma confusão? Vários de seus anúncios de serviço público foram exibidos para fazer ameaças levianas. E quando foi em uma missão ao Egito em janeiro, para melhorar a imagem dos EUA entre os "formadores de opinião" árabes, Beers não se saiu bem. Muhammad Abdel Hadi, um editor do jornal *Al Ahram*, deixou sua reunião com Beers frustrado, porque ela parecia mais interessada em falar de vagos valores americanos do que sobre políticas americanas específicas. "Não importa o quanto você tente fazê-la compreender", disse ele, "ela não consegue."

A incompreensão provavelmente vem do fato de que Beers vê a imagem internacional andrajosa dos Estados Unidos como pouco mais que um problema de comunicação. De certa forma, apesar de toda a cultura global despejada em Nova York, Los Angeles e Atlanta, apesar do fato de que você pode assistir à CNN no Cairo e a *Black Hawk Down* em Mogadício, a América não conseguiu, nas palavras de Beers, "sair e dar o seu recado".

Na verdade, o problema é exatamente o oposto: o automarketing da América tem sido eficaz *demais*. Crianças em idade escolar podem recitar declarações de democracia, liberdade e oportunidades iguais com a mesma rapidez com que podem associar o McDonald's com diversão em família e a Nike com proezas atléticas. E elas esperam que os EUA cumpram suas promessas.

Se elas estão com raiva, como milhões claramente estão, é porque estão vendo as promessas serem traídas pela política americana. Apesar da insistência do presidente Bush de que os inimigos da América se ressentem de sua liberdade, a maioria dos críticos dos EUA não discorda realmente dos valores declarados da América. Em vez disso, eles apontam para o unilateralismo dos EUA diante das leis internacionais, o aumento da disparidade de riqueza, a punição de imigrantes e as violações de direitos humanos — mais recentemente nos campos de prisioneiros na baía de Guantánamo. A raiva vem não só dos fatos em cada caso, mas também de uma percepção clara de publicidade falsa. Em outras palavras, o problema da América não é com sua marca — que talvez não tenha como ser mais forte — mas com o seu produto.

Há outro obstáculo, mais profundo, para o relançamento da Marca EUA, e está relacionado com a natureza da própria marca. O *branding* bem-sucedido, escreveu recentemente na *Adversiting Age* Allen Rosenshine, presidente e diretor executivo do BBDO Worldwide, "requer uma mensagem cuidadosamente elaborada a ser transmitida com coerência e disciplina". É verdade. Mas os valores que Beers está encarregada de vender são a democracia e a diversidade, valores profundamente incompatíveis com essa "coerência e disciplina". Acrescente-se a isso o fato de que muitos críticos mais firmes da América já se sentem intimidados pelo governo americano (arrepiando-se com expressões como *"rogue state"*, ou "Estado bandido"), e a campanha de *branding* da América pode bem ter o efeito oposto, e de forma grave.

No mundo corporativo, uma vez que a "identidade de marca" é estabelecida por uma sede, ela passa a ser imposta com precisão militar a todas as operações da empresa. A identidade de marca pode ser talhada para acomodar a linguagem local e as preferências culturais (como o McDonald's, que oferece molho de pimenta no México), mas suas características essenciais — estética, mensagem, logo — permanecem inalteradas.

Os gerentes de marca chamam essa coerência de "a promessa" de uma marca: é uma garantia de que, onde quer que você vá no mundo, sua experiência na Wal-Mart, no Holliday Inn ou em um parque temático da Disney será agradável e familiar. Qualquer coisa que ameace essa homogeneidade dilui a força geral de uma empresa. É por isso que o aspecto negativo de açoitar entusiasticamente uma marca é processado agressivamente por todos que tentam se confundir com ela, seja pela pirataria da marca registrada, seja pela disseminação de informação indesejada sobre a marca na Internet.

Em essência, o *branding* trata de mensagens rigorosamente controladas e de mão única, mandadas em sua forma mais elegante, e depois hermeticamente fechadas para aqueles que transformariam esse monólogo corporativo em um diálogo social. As ferramentas mais importantes no lançamento de uma forte marca podem ser a pesquisa, a criatividade e o design, mas, depois disso, as leis de calúnia e copyright são os melhores amigos de uma marca.

Quando os gerentes de marca transferem suas habilidades do mundo corporativo para o político, eles invariavelmente trazem seu fanatismo pela homogeneidade. Por exemplo, quando Wally Olins, co-fundador da consultoria em marca Wolff Olins, foi solicitado a dar sua opinião sobre o problema de imagem da América, ele se queixou de que as pessoas não têm uma idéia clara do que o país representa, mas têm dezenas se não centenas de idéias que "são misturadas na cabeça das pessoas de uma forma extraordinária. Assim, você freqüentemente encontrará pessoas que admiram e insultam a América, e até na mesma frase".

De uma perspectiva do *branding*, certamente seria cansativo se nos encontrássemos simultaneamente admirando e ofendendo nosso sabão em pó. Mas quando se trata de nosso relacionamento com os governos, particularmente com o governo da nação mais poderosa e mais rica do mundo, certamente alguma complexidade está presente. Ter visões conflitantes dos EUA — admirar sua criatividade, por exemplo, mas deplorar sua tendenciosidade — não significa que você seja "confuso", para usar a expressão de Olin, significa que você está atento.

Além disso, grande parte da raiva dirigida aos EUA decorre da crença – verbalizada com tanta facilidade tanto na Argentina como na França, na Índia e na Arábia Saudita – de que os EUA já exigem demais "coerência e disciplina" de outras nações; de que, por baixo desse compromisso declarado com a democracia e a soberania, é profundamente intolerante para com desvios do modelo econômico conhecido como "o Consenso de Washington". Onde quer que estas políticas, tão benéficas para os investidores estrangeiros, sejam impostas pelo Fundo Monetário Internacional sediado em Washington ou por acordos comerciais internacionais, os críticos dos EUA geralmente acham que o mundo já é demasiadamente influenciado pela marca de governo da América (para não mencionar as marcas americanas).

Há outro motivo para ser cauteloso com a mistura de lógica de marca com a prática de governo. Quando empresas tentam implementar coerência global e imagem, elas se parecem com franquias genéricas. Mas quando governos fazem o mesmo podem parecer distintamente autoritários. Não é coincidência que, historicamente, os líderes políticos mais preocupados com o *branding* de si mesmos e seus partidos sejam também alérgicos à democracia e à diversidade. Lembremos dos murais gigantes e do Livro Vermelho de Mao Tsé-tung, e sim, lembremos de Adolf Hitler, um homem completamente obcecado com a pureza da imagem: de seu partido, seu país, sua raça. Este tem sido o lado ruim de ditaduras que prosperam pela coerência de marca: informação centralizada, mídia com controle estatal, campos de reeducação, expurgo de dissidentes e coisas muito piores.

Felizmente a democracia tem outras idéias. Ao contrário de marcas fortes, que são previsíveis e disciplinadas, a verdadeira democracia é confusa e refratária, se não abertamente rebelde. Beers e seus colegas podem ter convencido Colin Powell a comprar Uncle Ben's pela criação de uma agradável imagem de marca, mas os Estados Unidos não são feitos de grãos idênticos de arroz, hambúrgueres de linha de montagem ou calças cáqui da Gap.

Seu "atributo de marca" mais forte, para usar um termo do mundo de Beers, é a adoção da diversidade, um valor que Beers está agora tentando gravar com uniformidade policial em todo o mundo, sem se deixar perturbar pela ironia. A tarefa não é somente inútil, mas perigosa: a coerência de marca e a verdadeira diversidade humana são antitéticas — uma busca a homogeneidade, a outra celebra a diferença; uma teme todas as mensagens subliminares, a outra adota o debate e a discordância.

Não surpreende que sejamos tão "confusos". Ao fazer sua propaganda da Marca EUA em Pequim recentemente, o presidente Bush afirmou que "em uma sociedade livre, diversidade não é desordem. O debate não é uma luta". O público aplaudiu educadamente. A mensagem poderia ter sido mais convincente se aqueles valores estivessem mais bem refletidos nas comunicações da administração Bush com o mundo exterior, tanto em sua imagem como, mais importante, em sua política.

Porque, como assinalou corretamente o presidente Bush, diversidade e debate são a alma da liberdade. Mas são inimigos do *branding*.

V
JANELAS PARA A DEMOCRACIA

[Em que vislumbres de esperança são encontrados em uma política de descentralização radical de poder, surgindo das montanhas de Chiapas e de terras devolutas da Itália]

Democratizando o movimento

Quando militantes se reúnem para o primeiro Fórum Social Mundial, não há um programa único que possa conter a diversidade

Março de 2001

"Estamos aqui para mostrar ao mundo que um outro mundo é possível!", disse o homem no palco, e uma multidão de mais de dez mil pessoas gritou sua aprovação. O estranho é que não estávamos aplaudindo um outro mundo específico, apenas a possibilidade dele. Estávamos aplaudindo a idéia de que outro mundo poderia, em tese, existir.

Nos últimos três anos, um seleto grupo de altos executivos e líderes mundiais tem se reunido durante a última semana de janeiro em um pico montanhoso da Suíça para fazer o que se supõe que eles estejam habilitados ou sejam capazes de fazer: determinar como a economia global deve ser governada. Estávamos aplaudindo, porque era, na verdade, a última semana de janeiro e não estávamos no Fórum Econômico Mundial em Davos, Suíça. Estávamos no primeiro Fórum Social Mundial em Porto Alegre, Brasil. E embora não fôssemos altos executivos nem líderes mundiais, iríamos passar aquela semana discutindo como a economia global deve ser governada.

Muitas pessoas disseram que sentiram a história sendo feita naquela sala. O que eu senti foi algo mais intangível: o fim do Fim da História. Adequadamente,

"Um Outro Mundo É Possível" foi o slogan oficial do evento. Depois de um ano e meio de protestos globais contra a Organização Mundial do Comércio, o Banco Mundial, o Fundo Monetário Internacional, o Fórum Econômico Mundial e os dois maiores partidos políticos americanos, e o Partido Trabalhista britânico – para citar apenas alguns –, o Fórum Social Mundial foi anunciado como uma oportunidade para que um movimento emergente parasse de vociferar contra tudo aquilo a que ele se opõe e começasse a articular e definir seus objetivos.

Se Seattle foi, para muitas pessoas, a festa de lançamento de um movimento de resistência, então, de acordo com Soren Ambrose, analista político do 50 Years Is Enough, "Porto Alegre é a festa de lançamento para a existência de pensamento sério sobre alternativas". A ênfase estava em alternativas vindas dos países que experimentavam mais agudamente os efeitos negativos da globalização: migração em massa de pessoas, aumento das disparidades de riqueza, poder político enfraquecido.

O local foi escolhido porque o Partido dos Trabalhadores, o PT brasileiro, está no poder na cidade de Porto Alegre, bem como no estado do Rio Grande do Sul. A conferência foi organizada por uma rede de sindicatos e ONGs brasileiras, mas o PT providenciou instalações de conferência de última geração na Universidade Católica de Porto Alegre e pagou as despesas de um rol estelar de oradores e músicos internacionais, delegados recebidos por funcionários da secretaria de turismo da cidade, bem como policiais amistosos — um verdadeiro choque cultural para um grupo de pessoas acostumadas a serem recebidas pelas autoridades com sprays de pimenta, buscas em fronteiras e áreas de "é proibido protestar". Se Seattle foi, para muita gente, o *début* de um movimento de resistência, então, de acordo com o mesmo Soren Ambrose, "Porto Alegre é o *début* da existência de sérias reflexões sobre alternativas".

Embora a conferência tenha sido organizada localmente, ela foi, em parte, o fruto da imaginação da ATTAC France, uma coalizão de sindicatos, fazendeiros e intelectuais que se tornaram a face mais pública do movimento antiglobalização em grande parte da Europa e da Escandinávia. (ATTAC significa Ação pela Tributação de Transações Financeiras em Apoio aos Cidadãos.) Fundada em 1998 por Bernard Cassen e Susan George da publicação socialista mensal *Le Monde Diplomatique*, a ATTAC começou como uma campanha para a implementação da taxa Tobin, a proposta do ganhador do Nobel americano James Tobin de tributar todas as transações financeiras especulativas. Refletindo suas raízes intelectuais marxistas, o grupo expressou frustração com o foco menos coerente do movimento anticorporação norte-americano. "A falha de Seattle foi a incapacidade de se criar um programa comum, uma aliança global de nível mundial para lutar contra a globalização", disse Christophe Aguiton da ATTAC, que ajudou a organizar o fórum.

E é aí que entra o Fórum Social Mundial: a ATTAC viu a conferência como uma oportunidade de reunir algumas das melhores mentes que trabalham em alternativas para as políticas econômicas neoliberais — não apenas novos sistemas de tributação, mas tudo, desde agricultura sustentável a democracia participativa, produção cooperativa e mídia independente. Deste processo de troca de informação, a ATTAC acredita que surgirá um "programa comum".

O resultado do encontro foi um pouco mais complicado — muito mais caos que coesão, mais divisão que unidade. Em Porto Alegre, a coalizão de forças que com freqüência se colocam sob a bandeira da antiglobalização começou coletivamente a se remodelar como um movimento pró-democracia. Neste processo, o movimento foi também obrigado a enfrentar os pontos fracos de sua própria democracia interna e a fazer perguntas difíceis sobre como as decisões estavam sendo tomadas — no próprio Fórum Social Mundial e, mais importante, no planejamento de alto risco para a próxima rodada das negociações da Organização Mundial do Comércio e a proposta Área de Livre Comércio das Américas.

Parte do desafio era que os organizadores não têm idéia de quantas pessoas seriam atraídas a esta Davos dos militantes. Átila Roque, membro do comitê organizador e coordenador do Ibase, um instituto brasileiro de ciência política, explica que durante meses eles pensavam que estavam planejando uma reunião de duas mil pessoas. Então, de repente, havia dez mil, e mais em alguns eventos, representando cerca de mil grupos de 120 países. A maioria desses delegados não tinha idéia do motivo pelo qual estavam se reunindo. Uma ONU modelo? Uma conferência gigante? Uma convenção política militante? Uma festa?

O resultado foi uma estranha mistura de tudo isso, junto com — na cerimônia de abertura, pelo menos — um pouco de espetáculo no modelo Las Vegas. No primeiro dia do fórum, depois que os discursos terminaram e nos alegramos com o fim do Fim da História, as luzes se apagaram e duas telas gigantes projetaram fotos da pobreza nas favelas do Rio. Uma fila de dançarinos apareceu no palco, a cabeça curvada de vergonha, os pés arrastados. Lentamente, as fotos tornaram-se mais esperançosas, e as pessoas no palco começaram a correr, brandindo as ferramentas de seu poder: martelos, serrotes, tijolos, machados, livros, canetas, teclados de computador, punhos erguidos. Na cena final, uma grávida plantou sementes — sementes, ouvimos, de um outro mundo.

O dissonante não é tanto que esse gênero específico de dança utópica socialista raramente seja encenado desde as performances do Works Progress Administration da década de 1930, mas que tenha sido feita com detalhes de produção de alta qualidade: acústica perfeita, iluminação profissional, legendas traduzindo simultaneamente a narração para quatro idiomas. As dez mil pessoas presentes ganharam saquinhos de sementes para levar e plantar em casa. Foi uma mistura de *Cats* com realismo socialista.

O fórum foi cheio destas justaposições entre idéias *underground* e a cultura de festa entusiasmada do Brasil. Políticos locais bigodudos acompanhados de esposas glamourosas em vestidos brancos com as costas nuas, ombro a ombro com o presidente do Movimento dos Trabalhadores Rurais Sem Terra (MST), conhecido por derrubar cercas e ocupar grandes lotes de terra improdutiva. Uma velha mulher das Mães da Praça de Maio da Argentina, com o nome de seu filho desaparecido bordado em crochê em seu lenço de cabeça, sentada perto de uma estrela do futebol brasileiro tão adorada que sua presença levou vários políticos empedernidos a rasgarem partes de sua roupa e pedirem autógrafos. E José Bové não conseguiu ir a lugar nenhum sem uma fila de seguranças protegendo-o dos *paparazzi*.

Toda noite a conferência era transferida para um anfiteatro ao ar livre, onde músicos de todo o mundo se apresentavam, inclusive o Cuarteto Patria, uma das bandas cubanas que ficaram famosas com o documentário de Wim Wenders *Buena Vista Social Club*. Qualquer coisa cubana era ótima aqui. Os oradores tinham apenas de mencionar a existência da ilha para que a sala explodisse em gritos de "Cuba! Cuba! Cuba!". Os gritos, diga-se de passagem, eram também ressoantes: não apenas para Cuba, mas também para o presidente de honra do Partido dos Trabalhadores, Luís Inácio Lula da Silva ("Lula-Lula"). José Bové teve sua própria aclamação: "Olé, Olé, Bové, Bové", cantado como um coro de torcida durante uma partida de futebol.

Uma coisa que não foi tão grande no Fórum Social Mundial foram os Estados Unidos. Houve protestos diários contra o Plano Colômbia, o "muro da morte" entre os Estados Unidos e o México, bem como o anúncio do presidente George W. Bush de que a nova administração suspenderá a ajuda externa a grupos que forneçam informação sobre o aborto. Nas oficinas e palestras houve muita conversa de imperialismo americano, da tirania da língua inglesa. Os verdadeiros cidadãos americanos, contudo, eram notavelmente raros. A AFL-CIO mal estava presente (seu presidente John Sweeney estava em Davos), e não havia ninguém da National Organization for Women. Até Noam Chomsky, que disse que o fórum "oferece oportunidades de importância sem paralelo para reunir as forças populares", mandou apenas suas desculpas. O Public Citizen tinha apenas dois representantes em Porto Alegre, mas sua estrela, Lori Wallach, estava em Davos. [Grande parte disso mudou no segundo Fórum Social Mundial em janeiro de 2002: Chomsky compareceu, assim como Wallach, junto com um grande contingente de militantes americanos.]

"Onde estão os americanos?", perguntavam as pessoas, esperando nas filas do café e em torno de terminais da Internet. Foram muitas teorias. Alguns culpavam a mídia: a imprensa americana não estava cobrindo o evento. Dos 1.500 jornalistas credenciados, talvez dez fossem americanos, e mais da metade deles era de Centros de Mídia Independentes. Alguns culparam Bush: o fórum aconteceu somente uma semana depois de sua posse, o que significa que muitos ativistas americanos estavam ocupados demais protestando contra a fraude nas eleições para sequer pensar em ir ao Brasil. Outros culpavam os franceses: muitos grupos americanos não sabiam do evento em parte porque a divulgação internacional foi feita principalmente pela ATTAC, que, reconheceu Christophe Aguiton, precisa de "conexões melhores com o mundo anglo-saxão".

A maioria, contudo, culpou os próprios americanos. "Parte disso é simplesmente um reflexo do paroquialismo americano", disse Peter Marcuse, um professor de planejamento urbano da Universidade de Colúmbia e orador no fórum. É uma história familiar: se não acontece nos Estados Unidos, se não é em inglês, se não é organizado por grupos americanos, não pode ser tão importante — e muito menos uma seqüência da Batalha de Seattle.

No ano passado, o colunista do *New York Times*, Thomas Friedman, escreveu de Davos: "Todo ano, no Fórum Econômico Mundial, há uma estrela ou tema que se destaca" — os ponto-com, a crise asiática. No ano passado, de acordo com Friedman, a estrela de Davos foi Seattle. Porto Alegre também teve uma estrela; ela era, inquestionavelmente, a democracia: o que aconteceu com ela? Como trazê-la de volta? E por que não há mais dela na própria conferência?

Em oficinas e mesas-redondas, a globalização foi definida como uma transferência maciça de riqueza e conhecimento do público para o privado — através de patentes de seres vivos e sementes, a privatização da água e a propriedade concentrada de terras agrícolas. Ter essa conversa no Brasil significa que essas questões não estavam presentes porque eram novas invenções chocantes de um fenômeno até agora desconhecido chamado "globalização" – como acontece com freqüência no Ocidente –, mas sim porque eram parte do contínuo de colonização, centralização e perda de autodeterminação que começou há mais de cinco séculos.

Graças a esse estágio mais recente de integração do mercado, o poder e a tomada de decisão agora são delegados a pontos ainda mais distantes dos lugares onde se fazem sentir os efeitos dessas decisões, ao mesmo tempo que o fardo financeiro cada vez maior é descarregado nas cidades. O poder real foi transferido da cidade para o estado, do estado para a nação e do nacional para o internacional, até que, por fim, democracia representativa significa votar em políticos a cada poucos anos que usam o seu mandato para transferir poderes nacionais para a OMC e o FMI.

Em resposta a essa crise global da democracia representativa, o fórum esboçou as possíveis alternativas, mas, muito tempo antes, surgiram algumas questões profundas. Será que esse movimento está tentando impor sua própria marca de globalização, mais humana, com tributação das finanças globais e mais democracia e transparência na governança internacional? Ou é um movimento contra a centralização e a delegação de poder em princípio, como uma crítica da ideologia uniforme de esquerda e da receita para o McGoverno produzida aos montes em fóruns como o de Davos? É ótimo se animar com a possibilidade de um outro mundo – mas é a meta um outro mundo específico, já imaginado, ou é, como colocaram os zapatistas, "um mundo com a possibilidade de muitos mundos dentro dele"?

Não houve consenso nestas questões. Alguns grupos, com laços com partidos políticos, pareciam estar pressionando por uma organização ou partido unificado internacional e queriam que o fórum lançasse um manifesto oficial que pudesse formar um plano governamental. Outros, que trabalhavam fora dos canais políticos tradicionais e com freqüência usavam a ação direta, defendiam menos uma visão unificada do que um direito universal à autodeterminação e à diversidade cultural.

Átila Roque foi uma das pessoas que afirmaram vigorosamente que o fórum não devia tentar estabelecer um único conjunto de exigências políticas. "Estamos tentando romper com a uniformidade de pensamento, e não se pode fazer isso apresentando outra forma uniforme de pensamento. Honestamente, não esqueci da época em que éramos todos do Partido Comunista. Podemos conseguir um alto grau de consolidação dos programas, mas não acho que a sociedade civil deva tentar se organizar em um partido."

No fim, a conferência não falou em uma só voz; não houve nenhuma declaração oficial, embora houvesse dezenas de não-oficiais. Em vez da análise de planos de mudança política, houve vislumbres de alternativas democráticas locais. O Movimento dos Sem-terra enviou delegados em viagens diárias a terras reapropriadas usadas para a agricultora sustentável. E então havia a alternativa viva da própria Porto Alegre: a cidade tornou-se uma vitrine da democracia participativa estudada em todo o mundo. Em Porto Alegre, a democracia não é uma questão educada de votar; é um processo ativo, realizado em reuniões na prefeitura. A peça central da plataforma do Partido dos Trabalhadores é algo chamado "orçamento participativo", um sistema que permite a participação direta dos cidadãos na alocação dos poucos recursos da cidade. Através de uma rede de associações de bairros e conselhos, os moradores votam diretamente em que estradas serão pavimentadas e que centros de saúde serão construídos. Em Porto Alegre, a evolução do poder tem trazido resultados que são a imagem especular das tendências econômicas globais. Por exemplo, em vez de reduzir os serviços públicos para os pobres, como acontece quase em toda parte, a cidade aumentou esses serviços substancialmente. E, em vez de aumentar o ceticismo e a ausência do eleitor, a participação democrática aumenta a cada ano.

"Esta é uma cidade que está desenvolvendo um novo modelo de democracia, em que as pessoas não se limitam a ceder o controle ao Estado", disse a escritora britânica Hilary Wainwright no fórum. "O desafio é como ampliar essa experiência para um nível nacional e até global?"

Talvez transformando o movimento anticorporação em um movimento pró-democracia que defenda os direitos de comunidades locais de planejar e administrar suas escolas, sua água e seu meio ambiente. Em Porto Alegre, as respostas mais convincentes ao fracasso internacional da democracia representativa pareciam ser essa forma radical de democracia participativa local, em cidades onde as abstrações da economia global tornam-se questões cotidianas de falta de moradia, contaminação da água, presídios apinhados e escolas sem dinheiro. É claro que isso tem de ocorrer em um contexto de padrões e recursos nacionais e internacionais. Mas o que parecia estar surgindo organicamente do Fórum Social Mundial (apesar dos maiores esforços de alguns organizadores) não era um movimento por um governo global, mas uma visão de uma rede internacional conectada de iniciativas locais, cada uma formada com base na democracia direta.

A democracia foi um tópico que surgiu não somente nos painéis e oficinas, mas também nos corredores e nas roucas reuniões tarde da noite no acampamento dos jovens. Aqui o tema não era como democratizar a governança do mundo ou mesmo a tomada de decisão municipal — era algo mais próximo de casa: o "déficit democrático" escancarado do próprio Fórum Social Mundial. Em um nível, o fórum foi extraordinariamente aberto: quem quisesse podia comparecer como delegado, sem restrições de número de presentes. E qualquer grupo que quisesse dar uma oficina — sozinho ou com outro grupo — simplesmente tinha de fornecer um título ao comitê organizador antes que o programa fosse impresso.

Mas às vezes havia sessenta dessas oficinas ocorrendo simultaneamente, enquanto os principais eventos, onde havia uma oportunidade de se dirigir a mais de mil delegados de uma vez, eram dominados não por militantes, mas por políticos e acadêmicos. Alguns deram apresentações vibrantes, enquanto outros pareciam dolorosamente afastados: depois de viajar dezoito horas ou mais para ir ao fórum, poucos precisavam ouvir que "a globalização é um espaço controverso". Não ajudou que esses painéis fossem dominados por homens na casa dos cinqüenta anos, a maioria esmagadora branca. Nicola Bullard, diretor adjunto do Focus on the Global South, de Bangcoc, brincou dizendo que a conferência aberta à imprensa "parecia a Última Ceia: 12 homens com uma idade média de 52". E provavelmente não foi uma grande idéia que a sala VIP, um enclave de calma e luxo somente para convidados, fosse de vidro. Essa divisão explícita no meio de toda aquela conversa de poder ao povo começou a irritar quando o acampamento dos jovens ficou sem papel higiênico.

Essas queixas simbolizavam um problema maior. A estrutura organizacional do fórum foi tão opaca que era quase impossível imaginar como as decisões eram tomadas ou encontrar formas de questionar essas decisões. Não havia plenários abertos e nenhuma chance de escolher a estrutura dos eventos futuros. Na ausência de um processo transparente, guerras de marca ferozes de ONGs aconteciam nos bastidores — sobre que estrelas teriam o maior tempo de transmissão na TV, quem teria acesso à imprensa e quem seria visto como o verdadeiro líder do movimento.

No terceiro dia, delegados frustrados começaram a fazer o que sabiam fazer melhor: protestar. Houve passeatas e manifestos – uma meia dúzia, pelo menos. Os organizadores sitiados do fórum se viram acusados de tudo, de reformismo a racismo. O contingente Juventude Anticapitalista os acusou de ignorar o importante papel da ação direta na construção do movimento. Seu manifesto condenou a conferência como "um ardil" que usava a linguagem piegas da democracia para evitar uma discussão mais polarizada de classe. O PSTU, uma facção dissidente do Partido dos Trabalhadores, começou a interromper os discursos sobre a possibilidade de um outro mundo com gritos de "Um outro mundo só é possível pela destruição do capitalismo rumo ao socialismo!".

Algumas críticas foram injustas. O fórum acomodou uma gama extraordinária de opiniões, e foi precisamente essa diversidade que tornou os conflitos inevitáveis. Ao reunir grupos com idéias tão diferentes sobre o poder – sindicatos, partidos políticos, ONGs, manifestantes anarquistas de rua e defensores da reforma agrária –, o Fórum Social Mundial somente deu visibilidade às tensões que sempre ficam sob a superfície dessas coalizões frágeis.

Mas outras questões eram legítimas e têm implicações que vão bem além de uma conferência de uma semana. Como as decisões são tomadas nesse movimento dos movimentos? Quem, por exemplo, decide que "representantes da sociedade civil" estarão por trás da cerca de arame farpado de Davos – enquanto os manifestantes ficam do lado de fora levando canhões de água? Se Porto Alegre foi o anti-Davos, por que alguns dos rostos mais visíveis da oposição estavam "dialogando" em Davos?

E como determinarmos se a meta é promover as "cláusulas sociais" em questões trabalhistas e ambientais nos acordos internacionais ou tentar derrubar os acordos completamente? O debate — até certo ponto acadêmico, porque havia muita resistência às cláusulas sociais por parte de empresas — agora é urgente. As mais importantes empresas americanas, inclusive a Caterpillar e a Boeing, estão fazendo *lobby* pela ligação do comércio com as cláusulas trabalhistas e ambientais não porque queiram elevar os padrões, mas porque essas ligações são vistas como a chave para romper o impasse no Congresso americano sobre a autoridade de negociação comercial de via rápida. Ao promover as cláusulas sociais, estariam os sindicatos e ambientalistas ajudando involuntariamente o avanço dessas negociações, um processo que também abrirá as portas para a privatização de serviços tais como a água e proteções mais agressivas de patentes de medicamentos? Deveria a meta ser acrescentar ou retirar seções inteiras desses acordos — água, agricultura, segurança alimentar, patentes de drogas, educação, saúde? Walden Bello, diretor executivo da Focus on Global South, não tem dúvidas em relação a isso. "Não é possível reformar a OMC", disse ele no fórum, "e é um desperdício horrível de dinheiro promover sua reforma. As cláusulas trabalhistas e ambientais apenas fortalecerão uma organização que já tem poder demais."

Há um sério debate a ser feito sobre estratégia e processo, mas é difícil ver como isso se desenrolará sem atolar um movimento cujo maior ponto forte até agora tem sido sua agilidade. Grupos anarquistas, embora fanáticos pelo processo, tendem a resistir a esforços para reestruturar ou centralizar o movimento. O Fórum Internacional da Globalização — o grupo de peritos do lado americano do movimento — não tem transparência em sua tomada de decisão e não é responsável para um amplo grupo de membros, mesmo que muitos de seus membros mais famosos tenham responsabilidade. Enquanto isso, as ONGs que poderiam colaborar com freqüência competem entre si por publicidade e financiamento. E as estruturas políticas tradicionais baseadas em filiação, como os partidos e os sindicatos, têm sido reduzidas a participantes menores nessas amplas teias de militância.

Talvez a verdadeira questão de Porto Alegre seja que a democracia e a responsabilidade precisam ser primeiro praticadas em escalas mais viáveis — em comunidades locais e coalizões, e em organizações individuais. Sem esse fundamento, não há muita esperança para um processo democrático satisfatório quando dez mil militantes de formações muito diferentes se reúnem em um *campus* universitário. O que ficou claro é que se o único "pró" que essa coalizão díspar pode apoiar é "pró-democacia", então a democracia dentro do movimento deve se tornar de alta prioridade. A Chamada para a Mobilização de Porto Alegre afirma claramente, "desafiamos a elite e seus processos não democráticos, simbolizados pelo Fórum Econômico Mundial em Davos". A maioria dos delegados concordou que não se pode simplesmente gritar "Elitista!" de uma casa de vidro — ou de uma sala VIP de vidro.

Apesar dos momentos de revolta aberta, o Fórum Social Mundial terminou com a mesma euforia do que quando começou. Houve muita gritaria, e a mais ruidosa ocorreu quando a comissão organizadora anunciou que Porto Alegre receberia o fórum novamente no ano seguinte. O avião de Porto Alegre para São Paulo em 30 de janeiro estava lotado de delegados vestidos dos pés à cabeça com o logo da conferência — camisetas, bonés de beisebol, e levando canecas e sacolas —, todos trazendo o slogan utópico Um Outro Mundo É Possível. Não é incomum, talvez, depois de uma conferência, mas achei digno de nota que um casal nos assentos de frente para mim ainda estivessem vestindo suas etiquetas FSM. Era como se eles quisessem insistir nesse mundo de sonho, embora imperfeito, pelo maior tempo possível antes de pegar os vôos de conexão para Newark, Paris, México e serem absorvidos em um fluxo de profissionais de negócios apressados, malas da Gucci compradas no free-shop e notícias do mercado de ações da CNN.

Rebelião em Chiapas

O subcomandante Marcos e os zapatistas encenam uma rebelião que depende mais de palavras que de balas

Março de 2001

Um mês atrás recebi um e-mail de Greg Ruggiero, editor de *Our Word Is Our Weapon*, uma coletânea de escritos do subcomandante Marcos, porta-voz do Exército Zapatista de Libertação Nacional em Chiapas, no México. Ele escreveu que os comandantes zapatistas estavam seguindo em caravana para a Cidade do México e que o acontecimento era "o equivalente da Marcha de Martin Luther King Jr. em Washington". Olhei para essa frase por um longo tempo. Tinha visto o vídeo do discurso "Eu tenho um sonho", de Martin Luther King, talvez umas dez vezes, embora em geral em propagandas de fundos mútuos ou nos noticiários da TV a cabo. Tendo crescido depois que a história terminara, eu não imaginava que poderia ver um momento de história com H maiúsculo de mesmo vulto.

Em seguida eu estava ao telefone falando com companhias aéreas, cancelando compromissos, dando desculpas malucas, murmurando sobre zapatistas e Martin Luther King Jr. Que importava se não fazia sentido? Tudo o que eu sabia era que tinha de estar na Cidade do México em 11 de março, o dia programado para a grande entrada de Marcos e os zapatistas na cidade.

Agora seria um bom momento para admitir que eu nunca tinha ido a Chiapas. Nunca fiz a peregrinação à selva de Lacandon. Nunca me sentei na lama e na neblina de La Realidad. Nunca pedi, pleiteei ou propus ter uma audiência com o subcomandante Marcos, o homem mascarado, a face sem rosto do Exército Zapatista de Libertação Nacional. Conheço gente que teve. Muitos. Em 1994, no verão depois da rebelião zapatista, as caravanas para Chiapas estavam na moda nos círculos de ativistas americanos: amigos se juntavam e levantavam dinheiro para vans de segunda mão, as enchiam com suprimentos, depois dirigiam para o sul, a San Cristobal de las Casas, e deixavam a van para trás. Não dei muita atenção na época. Então, a mania zapatista parecia suspeitamente como outra causa para esquerdas culpadas com o fetiche latino-americano: outro exército marxista rebelde, outro líder machão, outra oportunidade de ir ao sul e comprar panos coloridos. Já não ouvimos essa história antes? E ela não terminou mal?

Mas há algo diferente nessa caravana zapatista. Primeiro, ela não termina em San Cristobal de las Casas; ela começa lá, ziguezagueando pelo interior do México antes de finalmente chegar ao centro da Cidade do México. A caravana, apelidada de "Zapatur" pela imprensa mexicana, é liderada pelo conselho de 24 comandantes zapatistas, em uniforme completo e máscaras (embora sem armas), inclusive o próprio subcomandante Marcos. Como nunca se ouviu falar do comando zapatista viajando para fora de Chiapas (e há vigilantes que ameaçam duelos mortais com Marcos em todo o caminho), o Zapatur precisa de segurança estrita. A Cruz Vermelha recusou a tarefa, então a proteção estava sendo providenciada por várias centenas de ativistas da Itália que se chamam de ¡Ya Basta!, depois da expressão de desafio usada pela declaração zapatista de guerra. (No fim, a segurança foi garantida por grupos locais.) Centenas de estudantes, pequenos agricultores e militantes se uniram ao espetáculo itinerante, e milhares estão se juntando a eles pelo caminho. Ao contrário daqueles primeiros visitantes de Chiapas, esses viajantes dizem que estão ali não porque são "solidários" com os zapatistas, mas porque eles *são* zapatistas. Alguns chegam a afirmar ser o próprio subcomandante Marcos — eles dizem, para grande confusão dos jornalistas, "Todos nós somos Marcos".

Talvez só um homem que nunca tira sua máscara, que esconde seu verdadeiro nome, possa liderar essa caravana de renegados, rebeldes, solitários e anarquistas nessa viagem de duas semanas. São pessoas que aprenderam a evitar líderes carismáticos com panacéias ideológicas. Não há lealdade partidária: são membros de grupos que se orgulham de sua autonomia e ausência de hierarquia. E Marcos — com sua máscara de lã preta, os olhos intensos e um cachimbo — parece ser o antilíder feito sob medida para esse grupo desconfiado e crítico. Não só ele se recusa a mostrar sua face, reduzindo (e ao mesmo tempo aumentando) sua própria celebridade, como a história de Marcos é a de um homem que conseguiu sua liderança não através de convicção arrogante, mas ao enfrentar a incerteza política, aprendendo a seguir.

Embora haja pouca confirmação da real identidade de Marcos, a lenda mais repetida que o cerca é a seguinte: um intelectual marxista urbano e militante, Marcos era procurado pelo Estado e não estava mais seguro nas cidades. Ele fugiu para as montanhas de Chiapas no sudeste do México, cheio de certezas e retórica revolucionárias, para converter as pobres massas indígenas à causa da revolução proletária armada contra a burguesia. Disse que os trabalhadores do mundo deviam se unir, e os maias apenas o olhavam. Disse que eles não eram trabalhadores e que, além disso, a terra não era uma propriedade, mas o coração de sua comunidade. Depois de haver fracassado como missionário marxista, Marcos mergulhou na cultura maia. Quanto mais aprendia, menos sabia. Fora deste processo, um novo tipo de exército surgia, o EZLN, o Exército Zapatista de Libertação Nacional, que não era controlado por uma elite de comandantes da guerrilha, mas pelas próprias comunidades, através de conselhos clandestinos e assembléias abertas. "Nosso exército", diz Marcos, "tornou-se escandalosamente índio." Isso significa que ele não era um comandante berrando ordens, mas um subcomandante, um canal para a vontade dos conselhos. As primeiras palavras que pronunciou em sua nova persona foram: "Através de mim fala a vontade do Exército Zapatista de Libertação Nacional." Depois de subjugar a si mesmo, Marcos disse àqueles que o procuravam que ele não era um líder, e que sua máscara preta era um espelho, refletindo cada uma de suas lutas; que um zapatista é qualquer pessoa, em qualquer lugar que lute contra a injustiça: "Nós somos você." A frase mais famosa foi dita a um repórter: "Marcos é gay em San Francisco, negro na África do Sul, asiático na Europa, um chicano em San Ysidro, um anarquista na Espanha, um palestino em Israel, um maia nas ruas de San Cristobal, um judeu na Alemanha, um cigano na Polônia, um mohawk em Quebec, um pacifista na Bósnia, uma mulher solteira no metrô às dez da noite, um camponês sem terra, um membro de gangue nas favelas, um trabalhador desempregado, um estudante infeliz e, é claro, um zapatista nas montanhas."

"Esse não-eu", escreve Juana Ponce de Leon, que editou os escritos de Marcos, "torna possível que Marcos se transforme no porta-voz das comunidades indígenas. Ele é transparente, e é iconográfico." Todavia o paradoxo de Marcos e os zapatistas é que, apesar das máscaras, dos não-eus, do mistério, sua luta trata do oposto do anonimato — trata do direito de ser visto. Quando os zapatistas pegaram em armas e disseram "*¡Ya Basta!*" em 1994, foi uma revolta contra a sua invisibilidade. Como tantos outros que ficaram para trás na globalização, os maias de Chiapas foram excluídos do mapa econômico: "Abaixo das cidades", declarou o comando do EZLN, "nós não existimos. Nossa vida vale menos que a de máquinas ou animais. Somos como as pedras, como ervas daninhas na estrada. Somos silenciados. Não temos rosto." Ao se armarem e usarem máscaras, explicam os zapatistas, eles não estão se juntando a algum universo Borg de *Jornada nas estrelas* de pessoas sem identidade lutando por uma causa comum; estão forçando o mundo a parar de ignorar sua situação, ver suas faces há muito desprezadas. Os zapatistas são "a voz que se arma para ser ouvida. A face que se oculta para ser vista".

Enquanto isso, o próprio Marcos — o suposto não-eu, o canal, o espelho — escreve em um tom tão pessoal e poético, tão inteira e inconfundivelmente seu, que está constantemente eliminando e subvertendo o anonimato que vem de sua máscara e seu pseudônimo. Ouvimos com freqüência que a melhor arma dos zapatistas é a Internet, mas sua verdadeira arma secreta é sua linguagem. Em *Our Word Is Our Weapon*, lemos manifestos e gritos de guerra que são também poemas, lendas e refrões. Um personagem surge por trás da máscara, uma personalidade. Marcos é um revolucionário que escreve longas cartas meditativas ao escritor uruguaio Eduardo Galeano sobre o significado do silêncio; que descreve o colonialismo como uma série de "piadas ruins e mal contadas"; que cita Lewis Carroll, Shakespeare e Borges. Que escreve que a resistência acontece "sempre que qualquer homem ou mulher se rebele a ponto de rasgar as roupas da resignação que costuraram para eles e do cinismo tingido de cinza". E quem então manda falsos telegramas cômicos a todos da "sociedade civil": "O CINZA PODE VENCER PONTO PRECISA-SE ARCO-ÍRIS URGENTE".

Marcos parece profundamente consciente de si como um herói romântico irresistível. Ele é um personagem de Isabel Allende ao contrário — não o camponês pobre que se torna um rebelde marxista, mas um intelectual marxista que se torna um camponês pobre. Ele brinca com esse personagem, flerta com ele, dizendo que não pode revelar sua verdadeira identidade por medo de desapontar suas fãs. Talvez com receio de que este jogo ficasse um pouco fora de controle, Marcos escolheu a véspera do Dia dos Namorados deste ano para dar um freio às más notícias: ele é casado e profundamente apaixonado, e o nome dela é La Mar ("O Mar" – que outro nome teria?).

Este é um movimento profundamente consciente do poder das palavras e dos símbolos. O comando zapatista de 24 homens-fortes planejou originalmente fazer sua grande entrada na Cidade do México a cavalo, como os conquistadores indígenas (eles terminaram se arranjando em um caminhão cheio de feno). Mas a caravana é mais do que simbólica. A meta é se dirigir ao Congresso mexicano e exigir que os legisladores aprovem uma Declaração de Direitos dos índios, uma lei que surgiu das negociações de paz fracassadas dos zapatistas com o ex-presidente Ernesto Zedillo. Vicente Fox, seu sucessor recentemente eleito que notoriamente alardeou durante a campanha que podia resolver o problema zapatista "em quinze minutos", solicitou uma reunião com Marcos, mas até agora não conseguiu. Não até que a lei seja aprovada, diz Marcos, não até que a maior parte das tropas do exército se retirem do território zapatista, não até que todos os prisioneiros políticos zapatistas sejam libertados. Marcos já foi traído antes e acusa Fox de encenar uma "simulação de paz" antes que as negociações de paz sequer tenham recomeçado.

O que está claro em toda essa luta por posição é que algo radical mudou na balança de poder no México. Os zapatistas estão com as armas necessárias — o que é significativo, porque eles perderam o hábito de dar tiros. O que começou como uma pequena insurreição armada, nos últimos sete anos vem se transformando no que agora mais parece um movimento pacífico de massa. Ajudou a derrubar o reino corrupto de 71 anos do Partido Revolucionário Institucional e colocou os direitos indígenas no centro do programa político mexicano.

É por isso que Marcos fica furioso quando é visto como apenas outro cara com uma arma: "Que outra força de guerrilha reuniu um movimento democrático nacional, cívico e pacífico, de forma que a luta armada se tornasse inútil?", pergunta ele. "Que outra força de guerrilha pergunta a suas bases de apoio o que deve ser feito? Que outra força de guerrilha tem lutado para conseguir um espaço democrático em vez de tomar o poder? Que outra força de guerrilha depende mais das palavras que das balas?"

Os zapatistas escolheram o dia 1º de janeiro de 1994, o dia em que o Acordo de Livre Comércio da América do Norte entrou em vigor, para "declarar guerra" ao exército mexicano, lançando uma insurreição e assumindo brevemente o controle da cidade de San Cristobal de las Casas e cinco vilarejos de Chiapas. Mandaram um comunicado explicando que o Nafta, que proibiu os subsídios a cooperativas agrícolas indígenas, representaria uma "execução sumária" de quatro milhões de indígenas mexicanos em Chiapas, o estado mais pobre do país.

Quase cem anos se passaram desde que a revolução mexicana prometeu devolver as terras indígenas por meio da reforma agrária; depois de todas essas promessas quebradas, o Nafta foi simplesmente a gota d'água. "Somos o produto de quinhentos anos de luta (...), mas hoje dizemos *¡Ya basta!*." Os rebeldes se batizaram de zapatistas, pegando seu nome de Emiliano Zapata, o herói assassinado da revolução de 1910 que, junto com um exército de camponeses, lutou para que as terras dominadas pelos grandes proprietários fossem devolvidas aos agricultores indígenas e camponeses.

Nos sete anos desde que tomaram a cena de assalto, os zapatistas têm representado duas forças: primeira, os rebeldes lutando contra a pobreza e a humilhação excruciantes nas montanhas de Chiapas e, acima disso, os teóricos de um novo movimento, outra forma de pensar o poder, a resistência e a globalização. Essa teoria — o zapatismo — não só vira as táticas clássicas de guerrilha pelo avesso, como grande parte da política de esquerda também.

Durante anos tenho observado as idéias zapatistas se disseminarem por círculos ativistas, sendo passadas adiante: uma expressão, uma forma de fazer uma reunião, uma metáfora desorientadora. Ao contrário dos revolucionários clássicos que pregam com megafones e púlpitos, Marcos divulga a palavra zapatista através de enigmas e longos e sugestivos silêncios. Revolucionários que não querem o poder. Pessoas que devem esconder suas faces para serem vistas. Um mundo com muitos mundos dentro dele.

Um movimento de um não e muitos sins.

Essas frases parecem simples à primeira vista, mas não se engane. Elas têm uma forma de se entocar na consciência, aflorando em estranhos lugares, sendo repetida até que adquira sua qualidade de verdade — mas não uma verdade absoluta: uma verdade, como os zapatistas diriam, com muitas verdades dentro dela. No Canadá, os indígenas revoltosos são sempre simbolizados por um bloqueio: uma barreira física para impedir que um campo de golfe infrinja um local de sepultamento nativo, para impedir a construção de uma hidrelétrica ou para evitar que uma antiga floresta seja cortada. A revolta zapatista foi uma nova maneira de proteger a terra e a cultura: em vez de se fechar para o mundo, os zapatistas escancararam as portas e convidaram o mundo a entrar. Chiapas foi transformada, apesar de sua pobreza, apesar de estar sob constante sítio militar, em um lugar de reunião global para os militantes, intelectuais e grupos indígenas.

Desde o seu primeiro comunicado, os zapatistas convidaram a comunidade internacional "a observar e regular nossas batalhas". No verão após o levante, eles receberam uma Convenção Nacional Democrática na floresta; seis mil pessoas compareceram, a maioria do México. Em 1996, receberam o primeiro *Encuentro* para a Humanidade e Contra o Neoliberalismo. Cerca de três mil militantes viajaram para Chiapas para se reunir com outros de todo o mundo.

O próprio Marcos é uma teia de um homem só: é um comunicador compulsivo, constantemente estendendo-se, desenhando conexões entre diferentes questões e lutas. Seus comunicados são cheios de listas de grupos que ele imagina que sejam aliados zapatistas: pequenos lojistas, aposentados e inválidos, bem como trabalhadores e camponeses. Ele escreve aos prisioneiros políticos Mumia Abu-Jamal e Leonard Peltier. Corresponde-se com alguns dos mais conhecidos romancistas latino-americanos. Escreve cartas dirigidas "aos povos do mundo".

Quando o levante começou, o governo tentou reduzir a importância do incidente como um problema "local", uma disputa étnica que poderia ser facilmente controlada. A vitória estratégica dos zapatistas foi a mudança de termos: insistir para que o que estava acontecendo em Chiapas não fosse anulado como uma luta estritamente "étnica", que era tanto específica como universal. Fizeram isso nomeando claramente seu inimigo não somente como o Estado mexicano, mas também como o conjunto de políticas econômicas conhecidas como neoliberalismo. Marcos insistiu em que a pobreza e o desespero em Chiapas eram simplesmente uma versão mais avançada de algo que vem acontecendo em todo o mundo. Ele apontou para o imenso número de pessoas que estavam sendo deixadas para trás pela prosperidade, cujas terras e cujo trabalho tornam a prosperidade possível. "A nova distribuição do mundo exclui as 'minorias'", disse Marcos. "Os índios, os jovens, mulheres, homossexuais, lésbicas, pessoas de cor, imigrantes, trabalhadores, camponeses; a maioria que compõe a base do mundo é apresentada, para o poder, como dispensável. A distribuição do mundo exclui as maiorias."

Os zapatistas encenaram uma insurreição aberta, à qual todos podem se juntar, desde que se considerem *outsiders*, a maioria das sombras. Por estimativas conservadoras, agora existem 45 mil sites na Web relacionados com os zapatistas, e os comunicados de Marcos estão disponíveis em pelo menos 14 idiomas. E há a indústria campestre zapatista: camisetas pretas com estrelas vermelhas de cinco pontas, camisetas brancas com EZLN impresso em preto. Há bonés de beisebol, máscaras de esqui pretas EZLN, bonecas de fabricação maia e caminhões. Há pôsteres, inclusive um da comandante Ramona, a mais amada matriarca do EZLN, como a *Mona Lisa*.

E o efeito zapatista vai muito além do apoio solidário tradicional. Muitos que compareceram aos primeiros *encuentros* vieram a ter papéis essenciais nos protestos contra a Organização Mundial do Comércio em Seattle e o Banco Mundial e o FMI em Washington, chegando com um novo gosto pela ação direta, pela tomada de decisão coletiva e pela organização descentralizada. Quando a insurreição começou, o exército mexicano estava convencido de que seria capaz de esmagar o levante zapatista como um inseto. Usaram artilharia pesada, ataques aéreos, mobilizaram milhares de soldados. Mas em vez de um inseto esmagado, o governo se viu cercado por um enxame de militantes internacionais, zumbindo em torno de Chiapas. No estudo encomendado pelos militares americanos à RAND Corporation, o EZLN é analisado como "uma nova forma de conflito — 'a guerra em rede' — em que os protagonistas dependem do uso de formas de organização, doutrina, estratégia e tecnologia em rede".

O círculo em torno dos rebeldes não protegeu inteiramente os zapatistas. Em dezembro de 1997, aconteceu o brutal massacre em Acteal, em que 45 adeptos dos zapatistas que estavam rezando em uma igreja foram mortos, a maioria deles mulheres e crianças. E a situação em Chiapas ainda é desesperada, com milhares deixando suas casas. Mas é também verdade que a situação provavelmente teria sido muito pior, potencialmente com uma intervenção maior dos militares americanos, se não houvesse pressão internacional. O estudo da RAND Corporation revela que a atenção ativista global chegou "durante um período em que os Estados Unidos podem ter estado taticamente interessados em ver uma punição vigorosa dos rebeldes".

Assim, vale a pena perguntar que idéias são essas que se mostraram tão poderosas a ponto de milhares de pessoas terem-nas tomado para si para divulgá-las por todo o mundo? Tem a ver com o poder — e as novas formas de pensá-lo. Por exemplo, alguns anos atrás a idéia dos rebeldes viajando à Cidade do México para ir ao Congresso teria sido impossível de conceber. Guerrilhas mascaradas entrando em um local de poder político é sinal de uma coisa: revolução. Mas os zapatistas não estão interessados em derrubar o Estado ou nomear seu líder presidente. Se tanto, o que eles querem é menos poder do Estado sobre suas vidas. E, além disso, Marcos diz que tão logo a paz seja negociada, ele retirará a máscara e desaparecerá. [Quando os zapatistas finalmente chegaram ao Congresso, Marcos ficou do lado de fora.]

Será que isso significa que ser revolucionário é não tentar encenar uma revolução? Esse é um dos principais paradoxos dos zapatistas. Em um de seus muitos comunicados, Marcos escreve que "não é necessário conquistar o mundo. É suficiente renová-lo". E acrescenta, "Nós. Hoje." O que distingue os zapatistas da maioria dos insurgentes guerrilheiros comunistas é que sua meta não é ganhar o controle, mas tomar e construir espaços autônomos onde "a democracia, a liberdade e a justiça" possam prosperar.

Embora os zapatistas tenham articulado certas metas-chave de sua resistência (controle sobre a terra, representação política direta e o direito de proteger sua linguagem e sua cultura), eles insistem em que não estão interessados na "Revolução", mas em "uma revolução que torne a revolução possível".

Marcos acredita que aprendeu em Chiapas sobre a tomada de decisão não hierárquica, a organização descentralizada e respostas profundas para o controle democrático comunitário para o mundo não-indígena também — basta que ele esteja disposto a ouvir. É um tipo de organização que não compartimentaliza a comunidade em trabalhadores, guerreiros, agricultores e estudantes, mas em vez disso busca organizar comunidades como um todo, entre setores e entre gerações, criando "movimentos sociais". Para os zapatistas, essas zonas autônomas não tratam de isolacionismo ou desligamento, no estilo dos anos 1960. É exatamente o contrário: Marcos está convencido de que esses espaços livres que surgem de terras retomadas, da agricultura comunitária, da resistência à privatização um dia criarão contrapoderes ao Estado simplesmente por existirem como alternativas.

Esta é a essência do zapatismo e explica grande parte de seu apelo: um chamado global à revolução que não diz para esperar pela revolução, apenas para começar de onde você está, lutar com suas próprias armas. Pode ser uma câmera de vídeo, palavras, idéias, "esperança" — todas, segundo Marcos, "também são armas". É uma minirrevolução que diz: "Sim, você pode tentar isso em sua casa." Esse modelo de organização se espalhou por toda a América Latina e pelo mundo. Você pode vê-lo nos *centri sociali* (centros sociais), os esconderijos anarquistas na Itália; no Movimento dos Sem-terra do Brasil, que toma posse de lotes de terra improdutivos e os usa para a agricultura sustentável, mercados e escolas sob o slogan Ocupar, Resistir, Produzir. Essas mesmas idéias sobre mobilizar os economicamente desaparecidos perpassa o movimento *Piquetero* argentino, organizações de desempregados cuja fome os tem levado a encontrar novas formas de ganhar concessões do Estado. Em um reverso dos piquetes grevistas tradicionais (não se pode encerrar as atividades de fábricas que já estão fechadas), os *piqueteros* bloqueiam estradas nas cidades, com freqüência por semanas, interrompendo o tráfego e o transporte de bens. Os políticos são obrigados a ir até o local dos piquetes e negociar, e os *piqueteros* regularmente ganham uma compensação básica pelo desemprego para seus membros. Os *piqueteros* argentinos (que não raro podem ser vistos vestindo camisetas do EZLN) acreditam que, em um país com trinta por cento da população fora do mercado de trabalho, os sindicatos têm de começar a organizar comunidades inteiras, e não só os trabalhadores. "A nova fábrica é o bairro", diz o líder *piquetero* Luis D'Elia. E o *ethos* zapatista foi poderosamente expresso pelos estudantes da Universidade Nacional Autônoma do México durante o ano passado e a ocupação militante do *campus*. Zapata certa vez disse que a terra pertence a quem nela trabalha; suas faixas clamavam: "DIZEMOS QUE A UNIVERSIDADE PERTENCE A QUEM NELA ESTUDA".

O zapatismo, de acordo com Marcos, não é uma doutrina, mas "uma intuição". E ele está tentando conscientemente apelar a algo que existe fora do intelecto, algo em nós que não é cético, que ele descobriu em si mesmo nas montanhas de Chiapas: o assombro, uma suspensão da descrença somados ao mito e à mágica. Assim, em vez de lançar manifestos, ele tenta abrir seu caminho neste lugar, com longas meditações, vôos da imaginação, sonhando acordado. Isto é, de certa forma, uma espécie de guerrilha intelectual: Marcos não encontra seus oponentes nos termos destes, ele muda o tópico do diálogo.

Foi por isso que, quando cheguei ao México em 11 de março, vi algo diferente do grande momento histórico que eu imaginara ao receber aquele e-mail. Quando os zapatistas entraram em Zócalo, a praça em frente da Assembléia Legislativa, com duzentas mil pessoas aplaudindo e gritando, a história certamente estava sendo feita, mas era uma espécie de história menor, em minúsculas, mais modesta, que você vê naqueles cinejornais em preto-e-branco. A história que diz: "Não posso fazer sua história para você. Mas posso lhe dizer que a história é sua para que você a faça."

Os mais entusiasmados defensores do zapatismo naquele dia pareciam ser mulheres de meia-idade — o grupo demográfico que os americanos gostam de chamar de *"soccer-moms"*, as mães que acompanham os filhos ao futebol. Elas receberam os revolucionários com gritos de "Vocês não estão sozinhos!". Algumas estavam em horário de almoço em lanchonetes, ainda usando os seus uniformes listrados.

À distância, a popularidade dos zapatistas — as quarenta variedades de camisetas, pôsteres, bandeiras e bonecos — pode parecer marketing de massa, o *"branding"* radical-chic de uma antiga cultura. Porém, visto de perto, parece algo mais: um folclore genuíno e anacrônico. Os zapatistas transmitem sua mensagem não através de publicidade ou palavras de ordem, mas por meio de histórias e símbolos, pintados à mão nos muros, transmitidos oralmente. A Internet, que imita essas redes orgânicas, simplesmente pegou esse folclore e o divulgou em todo o mundo.

Quando ouvi Marcos se dirigir à multidão na Cidade do México, fiquei surpresa de que ele não parecesse um político em um comício ou um pregador em seu púlpito, mas um poeta – no maior recital de poesia do mundo. E me ocorreu então que Marcos na verdade não é Martin Luther King Jr.; ele é a progênie moderna de King, nascido de um casamento melancolicamente feliz de visão e necessidade. Esse homem mascarado que chama a si mesmo de Marcos é descendente de King, Che Guevara, Malcolm X, Emiliano Zapata e todos os outros heróis que pregaram de púlpitos somente para serem baleados, deixando bandos de seguidores desorientados andando às cegas porque haviam perdido seus líderes. E, em seu lugar, o mundo tinha um novo tipo de herói, que ouve mais do que fala, que prega por enigmas e não por certezas, um líder que não mostra sua face, que diz que sua máscara é na verdade um espelho. E nos zapatistas temos não um sonho de uma revolução, mas uma revolução que sonha. "Este é o nosso sonho", escreve Marcos, "o paradoxo zapatista – que afasta o sono. O único sonho que é sonhado acordado, desperto. A história que nasce e é nutrida a partir de baixo."

Os Centros Sociais da Itália

Em depósitos recuperados, são abertas janelas para a democracia

Junho de 2001

Uma mulher com cabelos castanhos compridos e uma voz rouca de fumante me fez uma pergunta. "O que este lugar parece para você?", perguntou ela, com a ajuda de um intérprete. "Um gueto feio ou uma coisa mais bonita?"

Era uma pergunta capciosa. Estávamos sentados em um imóvel em ruínas em um dos subúrbios mais pitorescos de Roma. As paredes do prédio atarracado estavam cobertas de pichações, o chão era lamacento e em torno de nós havia conjuntos habitacionais pesadões e ameaçadores. Se um dos vinte milhões de turistas que afluem a Roma a cada ano pegasse um caminho errado e terminasse aqui, teria desaparecido em seu Fodor e fugido em busca de algum edifício com tetos abobadados, fontes e afrescos. Mas, embora o que restou de um dos mais poderosos e centralizados impérios da história seja impecavelmente preservado no centro de Roma, é aqui, nos arredores pobres da cidade, que você pode ter um vislumbre da vida de uma nova política.

O imóvel em questão é chamado de Corto Ciccuito, um dos muitos *centri sociali* da Itália. Os centros sociais são prédios abandonados — armazéns, fábricas, fortes militares, escolas — que foram ocupados por posseiros e transformados em eixos culturais e políticos, explicitamente livres do mercado e do controle estatal. De acordo com algumas estimativas, há cerca de 150 centros sociais na Itália.

O maior e mais antigo – Leoncavallo, em Milão – é praticamente uma cidade, com vários restaurantes, jardins, uma livraria, um cinema, uma rampa de skate coberta e um clube tão grande que foi capaz de receber o Public Enemy quando o grupo de rap veio à cidade. Este é um dos raros espaços boêmios em um mundo que rapidamente se elitiza, um fato que levou o jornal francês *Le Monde* a descrevê-los como "a jóia cultural italiana".

Mas os centros sociais não são apenas o melhor lugar para se estar num sábado à noite. São também o ponto de encontro explosivo de uma militância política crescente na Itália. Nos centros, a cultura e a política se misturam facilmente: um debate sobre ação direta se transforma em uma imensa festa de rua, uma *rave* que acontece ao lado de uma reunião sobre a sindicalização de trabalhadores de lanchonetes.

Na Itália, essa cultura se desenvolveu por necessidade. Com os políticos da esquerda e da direita atolados em escândalos de corrupção, um grande número de jovens italianos concluiu, compreensivelmente, que é o próprio poder que corrompe. A rede de centros sociais é uma esfera política paralela que, em vez de tentar conquistar o poder do Estado, proporciona serviços estatais alternativos – como assistência e advocacia para refugiados – ao mesmo tempo que confronta o Estado pela ação direta.

Por exemplo, na noite que passei no Corto Ciccuito de Roma, o jantar comunitário de lasanha e salada caprese teve uma afluência particularmente entusiasmada, porque foi preparado por um chef que havia acabado de ser libertado da cadeia depois de sua prisão em um comício antifascista. E no centro Leoncavallo de Milão, no dia seguinte, topei com vários membros do Tute Bianche (tudo branco) absortos em mapas digitais de Gênova, preparando-se para a reunião do G-8 em julho de 2001: o grupo de ação direta, assim chamado devido aos uniformes que seus membros vestem para os protestos, tinha acabado de lançar uma "declaração de guerra" à reunião de Gênova.

Mas tais declarações não são as coisas mais chocantes que acontecem nos centros sociais. Muito mais surpreendente é o fato de que esses militantes antiautoritarismo, definidos por sua rejeição aos partidos políticos, tenham começado a se candidatar a cargos oficiais — e conseguiram. Em Veneza, Roma e Milão, proeminentes ativistas dos centros sociais, inclusive os líderes do Tute Bianche, são agora vereadores.

Com a Forza Italia de direita de Silvio Berlusconi no poder, eles precisam se proteger daqueles que querem fechar os centros. Mas Beppe Caccia, um membro do Tute Bianche e vereador veneziano, também diz que o movimento para a política municipal é uma evolução natural da teoria dos centros sociais. O Estado-nação está em crise, afirma ele, enfraquecido diante dos poderes globais e corrupto diante dos poderes corporativos. Enquanto isso, na Itália, como em outros países industrializados, fortes sentimentos regionais por uma maior descentralização têm dominado a direita. Nesse clima, Caccia propõe uma estratégia multifacetada de confrontar os poderes inexplicáveis e não-representativos em nível global (por exemplo, no G-8), enquanto simultaneamente se reconstrói uma política participativa mais responsável localmente (onde os centros sociais ocupam cadeiras na câmara de vereadores).

O que me traz de volta à pergunta feita no império mumificado dos subúrbios de Roma. Embora possa ser difícil dizer em princípio, os centros sociais não são guetos, são janelas — não só para outra forma de vida, desligada do Estado, mas também para uma nova política de compromisso. E, sim, talvez seja algo bonito.

Os limites dos partidos políticos

O salto do protesto ao poder deve ser a partir do chão

Dezembro de 2000

Nunca me filiei a um partido político, jamais fui a uma convenção política. Na última eleição, depois de ser arrastada pelos cabelos às urnas, fui acometida de dores estomacais mais fortes que as dores que os meus amigos sofreram por simplesmente terem comido suas cédulas. Então, por que me vi concordando em que precisávamos de uma nova aliança política que unificasse as forças progressistas do Canadá, se não um novo partido?

Este é um debate que acontece em qualquer país onde os partidos de esquerda tropeçam mas o ativismo está em ascensão, da Argentina à Itália. O Canadá não é exceção. O que está claro é que a esquerda, tal como se acha constituída atualmente — um Novo Partido Democrata [os social-democratas canadenses] enfraquecido e ineficaz e uma série interminável de protestos de rua —, é uma receita para lutar como louco para que as coisas não fiquem tão ruins. O que ainda é péssimo.

Nos últimos quatro anos vimos uma onda de organização política e protestos de militantes. Estudantes bloqueiam reuniões de comércio onde políticos estão barganhando seus futuros. Nas comunidades das First Nations, de Vancouver Island a Burnt Church, em New Brunswick, há um apoio cada vez maior para retomar o controle sobre florestas e pelo direito de pesca; as pessoas estão cansadas de esperar que Ottawa garanta a permissão que os tribunais já afirmaram. Em Toronto, a Ontario Coalition Against Poverty ocupa prédios e exige o abrigo que é um direito de todos os canadenses.

Não há escassez de organização radical íntegra, mas transformar-se em uma força política coordenada requer mais do que "pregar" melhor com os mesmos velhos jogadores. Isso requer limpar a tábula rasa, identificando sistematicamente o eleitorado que está sofrendo mais sob o modelo econômico atual — e já se organizar contra ele com mais vigor —, e construir uma plataforma política a partir daí.

Suspeito que essa visão não se pareceria muito com a plataforma atual do NDP. Ouçam os canadenses mais econômica e socialmente excluídos e vocês terão uma idéia da esquerda dominante: uma desconfiança profunda do Estado. Essa desconfiança é baseada em experiência de vida: maus-tratos policiais de dissidentes e imigrantes, previdência social punitiva, programas de treinamento de empregos ineficazes, clientelismo e corrupção, e a má administração escandalosa de recursos naturais.

Ao examinar a raiva dirigida ao governo federal de um país a outro, o NDP tem respondido somente com um plano de ação para uma melhor administração central. Em seu programa político, não há problema que não possa ser resolvido com um governo forte e verticalizado. Ao fracassar consistentemente em falar da ânsia por controle local, ou do merecido ceticismo do poder centralizado, o NDP tem levado todo o voto anti-Ottawa para a direita. É somente o partido Aliança Canadense de extrema direita que oferece aos eleitores de fora de Quebec a oportunidade de "mandar uma mensagem a Ottawa" – mesmo que o recado seja simplesmente exigir um refinanciamento da democracia inferior na forma de um corte nos impostos.

Um partido nacional de esquerda podia articular uma visão diferente, fundamentada em democracia local e desenvolvimento econômico sustentável. Mas antes que isso possa acontecer a esquerda precisa entender como os canadenses vêem o governo. Precisa ouvir as vozes nas reservas nativas e em comunidades de recursos não-nativas, onde o terreno comum é uma raiva do governo – federal e provincial – pela administração repreensivelmente ruim das terras e dos oceanos a partir de gabinetes urbanos. Programas de governo planejados para "desenvolver" as regiões são completamente desacreditados em todo o país. As iniciativas federais para trazer o pescador para o ecoturismo, por exemplo, ou os agricultores para as tecnologias de informação são consideradas projetos enganadores, indiferentes e, às vezes, destrutivos para as verdadeiras necessidades das comunidades.

A frustração com o planejamento central atamancado não é apenas um problema no Canadá rural e, é claro, em Quebec. Os centros urbanos em todo o país estão sendo empacotados em megacidades contra a sua vontade, assim como os hospitais onde programas avançados que prosperaram estão sendo amalgamados em fábricas médicas ineficientes. E se você escutar os professores cujos testes padronizados são enfiados por suas gargantas por políticos semiletrados, vai ouvir o mesmo ressentimento do poder distante, os mesmos apelos por controle local e democracia cotidiana mais profunda.

Todas essas batalhas locais tratam, em sua raiz, de pessoas que vêem o poder mudar para pontos cada vez mais distantes de onde elas vivem e trabalham: para a OMC, para multinacionais irresponsáveis, mas também para governos nacionais, estaduais e até municipais mais centralizados. Essas pessoas não estão pedindo mais planejamento central esclarecido, elas querem instrumentos, financeiros e democráticos, para controlar seu destino, para usar suas habilidades, para criar economias diversas que sejam genuinamente sustentáveis. E elas estão cheias de idéias.

Na costa ocidental de Vancouver Island, elas estão pedindo bancos de licença de pesca comunitários, organismos que manteriam os direitos sobre a pesca na comunidade em vez de vendê-los a Ottawa ou a frotas corporativas. Os pescadores nativos e não-nativos, enquanto isso, estão fazendo manifestações no Departamento de Pesca e Oceanos para tentar salvar a pesca do salmão através da recuperação de áreas de desova e proteção de incubadoras. Em outras partes da Colúmbia Britânica, eles falam de licenças florestais comunitárias: afastar as terras da Coroa das multinacionais que exploram as florestas, interessadas apenas no corte da madeira baseado em volume, e em colocar a administração da floresta sustentável nas mãos das comunidades locais.

Até na Terranova, há muito desprezada por Ottawa como um caso de *welfare* do Canadá, houve quem falasse durante as eleições de 2000 em renegociar o federalismo para recuperar o controle sobre as ricas reservas energéticas da província e o que resta da pesca. É a mesma mensagem dos líderes inuítes determinados a garantir que, à medida que os prospectores de petróleo movam-se para seus territórios mais uma vez, os benefícios migrem para o desenvolvimento regional em vez de simplesmente enriquecerem corporações multinacionais.

De muitas formas, essas idéias e experimentos espontâneos e populares são a antítese do modelo de livre comércio imposto pelos liberais federais, que insistem em que o investimento estrangeiro aumentado é a chave para toda a nossa prosperidade, mesmo que isso signifique se descartar de poderes democráticos no processo. Essas comunidades querem o contrário: controle local aumentado de forma que possam fazer mais com menos.

Essa visão também apresenta uma alternativa clara aos ressentimentos regionais antiimigrantes que são propagados por populistas de direita. Certamente, o corte dos impostos e os bodes expiatórios não são prêmios de consolação ruins se nada mais é oferecido. Mas há claramente um profundo desejo neste país de continuar a agir coletivamente, reunir recursos e conhecimento e construir algo melhor do que o que temos conseguido como indivíduos.

Isso representa uma enorme oportunidade para a esquerda, uma oportunidade que tem sido inteiramente desperdiçada pelo NDP e pelos partidos social-democratas em toda a Europa. Há um espaço aberto na paisagem política para uma nova coalizão que considere os apelos por localização e não veja uma ameaça terrível para a unidade nacional, mas os blocos de construção para uma cultura unificada e diversa. Nesses apelos por autodeterminação, a democracia popular e a sustentabilidade ecológica são as peças de uma nova visão política que inclui muitos canadenses que nunca foram representados pela chamada esquerda.

Neste exato momento temos partidos federais que tentam unir este país contra sua vontade, e partidos regionais que lançam o país contra si mesmo a seu próprio risco. O que é necessário é uma força política capaz de nos mostrar não as diferenças, mas as ligações entre essas lutas pelo poder local.

Isso significaria se livrar de algumas das idéias mais fundamentais da esquerda tradicional sobre como organizar um país. Afinal, a linha que liga os direitos municipais à gestão sustentável de recursos, bem como a soberania de Quebec ao autogoverno nativo, não é um Estado central forte. É o desejo de autodeterminação, sustentabilidade econômica e democracia participativa.

Descentralizar o poder não significa abandonar padrões nacionais e internacionais fortes – e o financiamento estável e eqüitativo – para a saúde, educação, habitação de baixo custo e proteções ambientais. Significa, sim, que o mantra da esquerda precisa mudar de "aumente o financiamento" para "fortaleça o povo" — nas cidades, nas reservas nativas, nas escolas, nas comunidades de recursos, nos locais de trabalho.

Reunir estas e outras forças criaria conflitos ferventes entre nativos e não-nativos, sindicatos e ambientalistas, comunidades urbanas e rurais — bem como entre a face clara da esquerda canadense e a face obscura da pobreza do Canadá. Para superar tais divisões, é necessário não um novo partido político — pelo menos, não por enquanto —, mas um novo processo político, que tenha suficiente fé na democracia para permitir que surja um mandato político.

Criar esse processo seria um projeto árduo de longo prazo. Mas seria válido. Porque é nas conexões entre essas questões há muito ignoradas e as comunidades que não estão no mapa que os contornos de uma alternativa política poderosa e genuinamente nova podem ser encontrados.

Dos símbolos à essência

Depois de 11 de setembro, alternativas concretas ao fundamentalismo religioso e econômico são mais necessárias do que nunca

Outubro de 2001

Em Toronto, a cidade onde eu moro, militantes que lutam por habitação desafiaram a lógica de que os protestos anticorporativos morreram em 11 de setembro. Eles fizeram isso "fechando" o distrito comercial na semana passada. Não foi um comício educado: os pôsteres de propaganda do evento tinham um retrato de arranha-céus contornados em vermelho — os perímetros da zona de ação direta planejada. Era quase como se 11 de setembro nunca tivesse acontecido. Certamente, os organizadores sabiam que ter como alvo prédios comerciais e bolsas de valores não era muito popular agora, especialmente a apenas uma hora de avião de Nova York. Mas a Ontario Coalition Against Poverty não era muito popular antes de 11 de setembro. A última ação do grupo político envolveu o "despejo simbólico" do ministro provincial da Habitação de seu gabinete (seus móveis foram mudados para a rua), e assim você pode imaginar quanto apoio teve da imprensa.

De outras formas, também, 11 de setembro mudou pouco para a OCAP: as noites ainda ficam mais frias e uma recessão ainda está se avultando. Isso não muda o fato de que muitos morrerão nas ruas neste inverno, como aconteceu no inverno passado e no inverno anterior, a menos que mais leitos nos abrigos sejam oferecidos imediatamente.

Mas para outros grupos, aqueles talvez mais interessados na opinião pública, o 11 de setembro promoveu uma grande mudança. Na América do Norte, pelo menos, as campanhas que dependem de atingir — mesmo que pacificamente — símbolos poderosos do capitalismo se vêem em uma paisagem semiótica inteiramente transformada. Afinal, os ataques foram atos de terror real e horrível, mas foram também atos de guerra simbólica, imediatamente compreendidos como tal. Como muitos comentaristas afirmaram, as torres não eram somente prédios, eram "símbolos do capitalismo americano".

É claro que há pouca evidência de que o milionário saudita mais procurado da América tenha rancor contra o capitalismo (se a impressionante rede de exportação global de Osama bin Laden, que se estende da agricultura industrial a oleodutos, é alguma indicação disso, parece improvável). E todavia, para o movimento que algumas pessoas descrevem como "antiglobalização" e outros chamam de "anticapitalista" (e eu tendo a chamar simplesmente de "o movimento"), é difícil evitar discussões sobre simbolismo: sobre todos os signos e significados anticorporativos — os logos de *culture jamming*, os estilos de guerrilha, as escolhas de nome de marca e alvos políticos — que compõem as metáforas dominantes do movimento. Muitos oponentes políticos do ativismo anticorporativo estão usando o simbolismo dos ataques ao World Trade Center e ao

Pentágono para afirmar que os jovens militantes, brincando de guerrilha, agora foram apanhados por uma guerra real. Os obituários já estão aparecendo em jornais de todo o mundo: "A antiglobalização é coisa do passado", diz uma manchete típica. O movimento está, de acordo com *The Boston Globe*, "em farrapos". Será que é verdade?

Nossa militância já foi declarada morta antes. Na verdade, é declarada morta com regularidade ritualística antes e depois de toda manifestação de massa: nossas estratégias aparentemente desacreditadas, nossas coalizões divididas, nossos argumentos desvirtuados. No entanto aquelas manifestações estão se tornando maiores, de cinqüenta mil em Seattle para trezentos mil, de acordo com algumas estimativas, em Gênova.

Ao mesmo tempo, seria tolice fingir que nada mudou desde o 11 de setembro. Isso me chocou recentemente, vendo uma apresentação de slides em que colaborei antes dos ataques. Tratava de como o imaginário anticorporação está sendo cada vez mais absorvido pelo marketing corporativo. Um slide mostra um grupo de militantes pintando em spray a janela de uma loja da Gap durante os protestos anti-OMC em Seattle. O seguinte mostra a vitrine recente da Gap exibindo sua própria pichação pré-fabricada — a palavra "Independência" grafitada em preto. E o seguinte é um quadro do jogo State of Emergency, da PlayStation da Sony, mostrando anarquistas legítimos lançando pedras em policiais do mal que protegem a fictícia American Trade Organization. Agora tudo que posso ver é como esses instantâneos de guerras de imagens foram rapidamente eclipsados e afastados pelo 11 de setembro como muitos carros de brinquedo e figuras de ação em um cenário de cinema-catástrofe.

Apesar da paisagem alterada — ou por causa dela —, isso leva a lembrar por que esse movimento escolheu fazer lutas simbólicas. A decisão da OCAP de "fechar" o distrito comercial vem de um conjunto de circunstâncias muito específicas. Como tantos outros que tentam colocar as questões de desigualdade econômica na agenda política, as pessoas que o grupo representa acham que foram descartadas, deixadas de fora do paradigma, desaparecidas e reconstituídas como um problema de mendicância que requer uma nova legislação rigorosa. Elas perceberam que tinham de enfrentar não só um inimigo político local ou mesmo uma lei de comércio específica, mas um paradigma econômico — a promessa quebrada de capitalismo desregulamentado que transferirá a riqueza dos mais ricos para os mais pobres.

Este é portanto o desafio do ativista moderno: como se organizar contra uma ideologia tão ampla que não tem margens, tão presente em toda parte que parece estar em lugar nenhum? Onde é o local de resistência para aqueles que não têm locais de trabalho para fechar, cujas comunidades estão constantemente sendo exterminadas? Em que vamos nos agarrar quando uma parte tão grande desse poder é virtual — trocas de moedas, preços das ações, propriedade intelectual e misteriosos acordos de comércio?

A resposta curta, pelo menos antes do 11 de setembro, era que você se agarra ao que quer que lhe caia nas mãos: a imagem de marca de uma multinacional famosa, uma bolsa de valores, uma reunião de líderes mundiais, um único acordo comercial ou, no caso do grupo de Toronto, os bancos e sedes corporativas que são os motores que movem essa agenda. Qualquer coisa que, mesmo transitoriamente, torne o intangível real, coloque a imensidão em uma escala humana. Em resumo, você encontra símbolos e espera que se tornem metáforas para a mudança.

Por exemplo, quando os Estados Unidos lançaram uma guerra comercial contra a França por ousar proibir a carne misturada com hormônio, José Bové e a Confederação de Agricultores Franceses não atraíram a atenção do mundo gritando sobre tarifas de importação sobre o queijo Roquefort. Eles "demoliram estrategicamente" o McDonald's.

Muitos militantes aprenderam durante a década passada que o ponto cego de muitos ocidentais que têm assuntos internacionais de interesse pode ser superado por campanhas ligadas a marcas famosas — uma arma eficaz, embora com freqüência problemática, contra o paroquialismo. Essas campanhas corporativas têm, por sua vez, portas dos fundos abertas no mundo arcano do comércio e das finanças internacionais, para a Organização Mundial do Comércio, o Banco Mundial, e para alguns, para um questionamento do próprio capitalismo.

Essas táticas também se mostraram um alvo fácil. Depois do 11 de setembro, políticos e analistas em todo o mundo começaram instantaneamente a entender erroneamente os ataques terroristas como parte de um contínuo de violência antiamericana e anticorporação: primeiro a vitrine da Starbucks, depois, presumivelmente, o World Trade Center. O editor da *New Republic*, Peter Beinart, se prendeu a uma única mensagem a um chat room anticorporação da Internet que perguntava se os ataques foram cometidos por "um de nós". Beinart concluiu que "o movimento antiglobalização (...) é, em parte, um movimento motivado pelo ódio aos Estados Unidos" — imoral com os EUA sob ataque. Reginald Dale, escrevendo em *The International Herald Tribune*, foi ainda mais longe ao comparar manifestantes com terroristas. "Embora eles não estejam deliberadamente expondo milhares de inocentes à matança, os manifestantes que querem evitar reuniões como esta do FMI ou da OMC estão buscando promover seu programa político através de intimidação, o que é uma meta clássica do terrorismo."

Em um mundo sadio, em vez de estimular uma reação retrógrada como essa, os ataques terroristas levantariam questões sobre por que as agências de inteligência dos EUA estavam gastando tanto tempo espionando o Reclaim the Streets e os Centros de Mídia Independentes em vez de as redes terroristas que tramavam o assassinato em massa. Infelizmente, parece claro que a repressão ao ativismo que antedatou o 11 de setembro somente se intensificará, com vigilância aumentada, infiltração e violência policial. Os ataques bem podem, temo eu, custar ao movimento algumas vitórias políticas. Os fundos destinados à crise da Aids na África estão desaparecendo, e os compromissos para expandir o cancelamento da dívida provavelmente se seguirão. Agora a ajuda está sendo usada como suborno para os países que se alistam na guerra americana.

E o livre comércio, há muito enfrentando uma crise de relações públicas, está rapidamente passando por um *rebranding*, como as compras e o beisebol, como um dever patriótico. De acordo com o representante de Comércio dos EUA Robert Zoellick, o mundo precisa de uma nova campanha para "combater o terror com o comércio". Em um artigo publicado na *New York Times Magazine*, o escritor de negócios Michael Lewis faz uma combinação semelhante entre luta pela liberdade e livre comércio quando explicou que os negociantes que morreram foram alvejados "não apenas como símbolos, mas também como adeptos da liberdade (...). Eles trabalham muito, talvez involuntariamente, para libertar os outros de restrições. Isso os torna, quase à revelia, a antítese espiritual do fundamentalista religioso, cujos negócios dependem de uma negação da liberdade pessoal em nome de algum poder supostamente superior".

As linhas de batalha foram traçadas: comércio é igual a liberdade, anticomércio é igual a fascismo.

Como um movimento, nossas liberdades civis, nossas investidas, nossas estratégias habituais — tudo agora está sendo questionado. Mas essa crise também abre novas possibilidades. Como muitos já assinalaram, o desafio para os movimentos de justiça social é demonstrar que a justiça e a igualdade são as estratégias mais sustentáveis contra a violência e o fundamentalismo. O que isso significa na prática? Bem, os americanos estão descobrindo rapidamente que isso significa ter um sistema de saúde pública tão sobrecarregado que não pode lidar com a temporada de gripe, que dirá com um surto de antraz. Apesar de uma década de compromissos para proteger o suprimento de água dos EUA de ataque bioterrorista, quase nada tem sido feito pela sobrecarregada Agência de Proteção Ambiental. O fornecimento de alimentos é ainda mais vulnerável, com os fiscais tentando verificar cerca de um por cento dos alimentos importados — dificilmente isso é uma garantia contra os crescentes temores de "agroterrorismo".

Nesse "novo tipo de guerra", os terroristas estão descobrindo suas armas em nossas infra-estruturas públicas destruídas. Isso é válido não somente nos países ricos, como os EUA, mas também em países pobres, onde o fundamentalismo vem se disseminando rapidamente. Onde a dívida e a guerra têm arruinado a infra-estrutura, fanáticos como Bin Laden são capazes de atacar e começar a fornecer os serviços básicos que deviam ser de responsabilidade do governo: estradas, escolas, clínicas de saúde, até saneamento básico. No Sudão, foi Bin Laden quem construiu a estrada que permitiu a construção do oleoduto Talisman, bombeando recursos para o governo para sua brutal guerra étnica. Os seminários islâmicos radicais do Paquistão que doutrinaram tantos líderes talibãs prosperam precisamente porque preenchem um imenso hiato de bem-estar social. Em um país que gasta 90% de seu orçamento nas forças armadas e na dívida – e uma ninharia em educação – as *madrassas* oferecem não só salas de aula, mas também alimentação e abrigo para as crianças pobres.

Para compreender a disseminação do terrorismo – norte e sul –, é inevitável que se façam perguntas relacionadas com infra-estrutura e financiamento públicos. Mas qual tem sido a resposta dos políticos até agora? Mais do mesmo: cortes nos impostos para as empresas e serviços mais privatizados. No mesmo dia em que *The International Herald Tribune* publicou em primeira página a manchete "Nova Linha de Frente do Terrorismo: Os Correios", foi anunciado que os governos da União Européia concordaram em abrir seus mercados de serviço postal à concorrência privada.

O debate sobre que tipo de globalização queremos não é "coisa do passado"; nunca foi mais urgente do que hoje. Muitos grupos de campanha agora estão contextualizando seus argumentos em termos de "segurança comum" – um antídoto aceito para a estreita mentalidade de segurança de fronteiras fortificadas e B-52s que até agora estão fazendo um trabalho tão espetacularmente ruim na proteção de qualquer um. Não podemos ser ingênuos, como se a verdadeira ameaça de mais matança de inocentes desaparecesse somente com uma reforma política. É preciso haver justiça social, mas também precisa haver justiça para as vítimas desses ataques e prevenção prática de ataques futuros. O terrorismo é na verdade uma ameaça internacional, e não começou com os ataques aos EUA. Muitos que apóiam o bombardeio do Afeganistão o fazem com relutância; para alguns, as bombas parecem ser a única arma disponível, embora brutal e imprecisa. Mas essa penúria de opções é parcialmente um resultado da resistência americana a uma gama de instrumentos internacionais mais precisos e potencialmente eficazes.

Por exemplo, um tribunal criminal internacional permanente, a que os EUA se opõem, temendo que seus próprios heróis de guerra possam enfrentar perseguição. Como o Tratado de Banimento de Testes Abrangentes com armas nucleares, também um tabu. E todos os outros tratados que os EUA têm se recusado a ratificar, sobre minas terrestres, pequenas armas e tantos outros que teriam nos ajudado a lidar com um Estado altamente militarizado como o Afeganistão. Enquanto Bush convida o mundo a se juntar à guerra da América, deixando de lado a ONU e os tribunais internacionais, nós, neste movimento, precisamos nos tornar defensores apaixonados do verdadeiro multilateralismo, rejeitando de uma vez por todas o rótulo "antiglobalização". A "coalizão" de Bush não representa uma resposta genuinamente global ao terrorismo, mas a internacionalização dos objetivos da política externa de um país — a marca registrada das relações internacionais americanas, da mesa de negociações da OMC a Kyoto. Podemos fazer essas conexões não como antiamericanos, mas como verdadeiros internacionalistas.

Será que a efusão de ajuda e apoio mútuos que as tragédias do 11 de setembro evocaram são tão diferentes das metas humanitárias a que este movimento aspira? Os slogans de rua – O Povo Antes dos Lucros, O Mundo Não Está à Venda – tornaram-se verdades evidentes por si mesmas e visceralmente sentidas por muitos na esteira dos ataques. Há questões sobre por que a ajuda financeira às companhias aéreas não está indo para os trabalhadores que perderam seus empregos. Há uma crescente preocupação com as volatilidades do comércio desregulamentado. Há um maremoto de valorização para os trabalhadores do setor público de todos os tipos. Em resumo, "o bem comum" – a esfera pública, o bem público, o não-corporativo – está passando por uma espécie de redescoberta nos Estados Unidos, em todos os lugares.

Aqueles que se preocupam com a mudança de mentalidade (e não apenas com argumentos vitoriosos), devem aproveitar este momento para relacionar essas reações humanas a muitas outras arenas em que as necessidades humanas devem ter precedência sobre os lucros corporativos, do tratamento da Aids à falta de moradia.

Isso requereria uma mudança drástica na estratégia de militância, baseada muito mais na essência do que nos símbolos. Felizmente, isso quase está acontecendo. Por mais de um ano, o amplamente simbólico ativismo em frente das reuniões de cúpula e contra as corporações individuais tem enfrentado desafios dentro do círculo do movimento. Há muitos insatisfeitos com a luta através de uma guerra de símbolos: as quebras de vidro das vitrines do McDonald's, as reuniões realizadas em locais cada vez mais afastados — mas e daí? Ainda são somente símbolos, fachadas, representações.

Antes do 11 de setembro, um novo humor de impaciência já estava aparecendo, uma insistência em propor alternativas sociais e econômicas que se voltem para as raízes da injustiça, da reforma agrária às reparações pela escravidão e à democracia participativa.

Depois do 11 de setembro, a tarefa é ainda mais clara: o desafio é mudar um discurso em torno de uma vaga noção de globalização para um debate específico sobre democracia. Em um período de "prosperidade sem precedentes", os países em todo o mundo ouviam que não tinham escolha a não ser cortar os gastos públicos, revogar leis trabalhistas, rescindir proteções ambientais — considerados barreiras comerciais ilegais — e acabar com o financiamento às escolas. Tudo isso aparentemente era necessário para deixá-los prontos para o comércio, favoráveis ao investimento e competitivos no mundo.

A tarefa agora é medir as promessas eufóricas de globalização — que trariam prosperidade geral, maior desenvolvimento e mais democracia — em comparação com a realidade dessas políticas. Precisamos provar que a globalização — esta versão da globalização — foi construída com base no bem-estar humano e ecológico local.

Com freqüência demasiada, essas relações entre global e local não são feitas. Em vez disso, às vezes parecemos ter dois grupos ativistas. Por um lado, há os militantes da globalização internacional que parecem estar brigando por questões remotas, desligadas das lutas cotidianas das pessoas. Porque não representam as realidades locais de globalização, eles são facilmente desprezados como universitários desorientados ou militantes profissionais. Por outro lado, há milhares de organizações comunitárias travando lutas diárias pela sobrevivência, ou pela preservação dos serviços públicos mais elementares. Suas campanhas são com freqüência desprezadas como puramente locais, até insignificantes, e é por isso que os militantes populares compreensivelmente se sentem queimados e desmoralizados.

O único caminho claro à frente é o de que essas duas forças se fundam. O que agora é o movimento antiglobalização deve se transformar em milhares de movimentos locais, combatendo as maneiras como a política neoliberal está lançando tudo por terra: falta de moradia, estagnação salarial, aumento dos aluguéis, violência policial, população carcerária excessiva, criminalização de imigrantes e refugiados, a erosão das escolas públicas e o risco do suprimento de água. Ao mesmo tempo, os movimentos locais que combatem a privatização e a desregulamentação precisam relacionar suas campanhas a um grande movimento global, capaz de mostrar onde suas questões particulares se ajustam em uma agenda econômica internacional imposta em todo o mundo. É necessário um contexto político que possa ao mesmo tempo assumir o poder corporativo e o controle internacionalmente, e fortalecer a organização local e a autodeterminação.

A chave para esse processo é desenvolver um discurso político que não tema a diversidade, que não tente abarrotar cada movimento político em um único modelo. A economia neoliberal tende, em todos os níveis, à centralização, consolidação, homogeneização. É uma guerra travada contra a diversidade. Contra isso, precisamos de um movimento que estimule e proteja ferozmente o direito à diversidade: diversidade cultural, ecológica, agrícola — e sim, a diversidade política também: formas diferentes de fazer política. A meta não é afastar as regras e quem as faz (os governantes), mas trazer a democracia para a prática.

Para chegar a isso, precisamos abrir espaço para as vozes — de Chiapas, Porto Alegre, Kerala —, mostrando que é possível desafiar o imperialismo enquanto se adota a pluralidade, o progresso e a democracia profunda. Em 1998, Benjamin Barber descreveu uma batalha global iminente em seu livro *Jihad vs. McWorld*. Nossa tarefa, mais premente que nunca, é assinalar que há mais do que dois mundos disponíveis, expor todos os mundos invisíveis entre o fundamentalismo econômico do "McMundo" e o fundamentalismo religioso do "Jihad".

O ponto forte desse movimento dos movimentos tem sido de que ele oferece uma alternativa real à homogeneização e centralização representadas pela globalização. Nenhum setor do país pode reclamá-lo, nenhuma elite intelectual pode controlá-lo, e esta é sua arma secreta. Um movimento global verdadeiramente diverso, que seja radicado em toda parte em que essa teoria econômica abstrata se torne uma realidade local, não tem de estar do lado de fora de cada reunião de cúpula, criticando abertamente instituições muito mais poderosas de militares e poder econômico. Em vez disso, pode cercá-las de todas as direções. Porque, como vimos, a polícia pode declarar guerra contra o protesto, pode aprender a contê-lo, pode construir cercas mais altas. Mas não há cerca alta o suficiente que contenha um movimento verdadeiramente social, porque ele está em toda parte.

Talvez as guerras de imagem venham a ter um fim. Há um ano fui à Universidade do Oregon para fazer uma matéria sobre a militância anti-sweatshop no *campus* que é apelidada de Nike U. Ali, e conheci a militante estudantil Sarah Jacobson. A Nike, disse ela, não era o alvo do ativismo, mas um instrumento, uma forma de ter acesso a um vasto e freqüentemente amorfo sistema econômico. "É uma espécie de portal", disse ela alegremente.

Durante anos, nós, neste movimento dos movimentos, alimentamo-nos dos símbolos de nossos oponentes — suas marcas, suas torres de escritórios, suas reuniões que trazem a oportunidade de ser fotografado. Temos usado esses símbolos como um grito de guerra, como pontos focais, como instrumentos de educação popular. Mas esses símbolos nunca foram alvos reais; eles eram as alavancas, as manivelas. Os símbolos eram somente janelas. É hora de atravessá-las.

Agradecimentos

Quando decidi reunir estes artigos e ensaios em um livro, minha esperança era de que o projeto conseguisse levantar fundos para organizações ativistas cujo corajoso trabalho na linha de frente torna meus escritos possíveis. Meus agentes, Bruce Westwood e Nicole Winstanley, pegaram essa vaga esperança e a transformaram em realidade, com a experiência e o apoio contínuo de Brian Iler, Alisa Palmer e Clayton Ruby. Sou enormemente grata a meus editores em língua inglesa que fizeram o compromisso extraordinário de doar uma parte da receita deste livro ao Fundo Fences and Windows, que levantará dinheiro para a defesa judicial de militantes e para a educação popular sobre a democracia global. Louise Dennys, Susan Roxborough, Philip Gwyn e Frances Coady adotaram essa idéia pouco convencional desde o início.

Minha maior dívida editorial vai para Debra Levy. Além de me ajudar na pesquisa de muitas destas colunas, Debra assumiu a tarefa de editar essa coletânea com um compromisso firme e sensibilidade, sempre mantendo seus olhos no quadro geral e nos pequenos detalhes. Louise Dennys corajosamente resistiu à tentação de exigir uma reescrita completa e, em vez disso, com a mais leve das mãos, conseguiu mudar tudo. Os originais foram melhorados ainda mais, polidos e verificados por Damián Tarnopolsky, Deirdre Molina e Alison Reid, e delineados por Scott Richardson.

Meu marido, Avi Lewis, editou cada parte quando eu escrevi, não importando quantos quilômetros ou fusos horários nos separassem. Kyle Yamada foi a retaguarda pessoal e editorial de Debra Levy e somos ambas muito gratas. Meus pais, Bonnie e Michael Klein, também leram os originais e fizeram comentários. Como as datas destes artigos podem atestar, passei a maior parte dos últimos dois anos e meio em toda parte, menos em casa. Essas viagens só foram possíveis porque minha colega Christina Magill defendeu o forte, enfrentando todos os desafios logísticos com uma serenidade e uma engenhosidade desnorteantes.

Trabalhei com muitos editores excepcionais de jornais e revistas nos artigos deste livro: Patrick Martin, Val Ross e Larry Orenstein de *The Globe and Mail*; Seumas Milne e Katharine Viner de *The Guardian*; Betsy Reed e Katrina van-den Heuvel de *The Nation*; Jesse Hirsh e Andréa Schmidt de www.nologo.org; Joel Bleifuss de *In These Times*; Michael Albert de Znet; Tania Molina de *La Jornada*; Hakan Jaensson de *Aftonbladet*; Govanni De Mauro de *Internazionale*; e Sander Pleij de *De Groene Amsterdammer*.

Foram Richard Addis e Bruce Westwood que acharam que seria uma boa idéia para mim escrever uma coluna de jornal semanal durante os anos mais agitados de minha vida. Enquanto lutava para cumprir cada prazo, mandando e-mails de telefones públicos de aeroportos, centros comunitários cheios de gás lacrimogêneo e hotéis vagabundos com linhas compartilhadas, devo confessar que questionei seu julgamento várias vezes. Agora vejo o que eles me deram: um registro semanal de um capítulo impressionante de nossa história.

Créditos

I / JANELAS DE DISCORDÂNCIA

"Seattle" foi publicado originalmente em *The New York Times* em 2 de dezembro de 1999.

"Washington, D.C.: O capitalismo sai do armário. Antes" foi publicado originalmente em *The Globe and Mail* em 12 de abril de 2000.

"Washington, D.C.: O capitalismo sai do armário. Depois" foi publicado originalmente em *The Globe and Mail* em 19 de abril de 2000.

"O que virá a seguir?" foi publicado originalmente em *The Nation* em 10 de julho de 2000.

"Praga: A alternativa ao capitalismo não é o comunismo, é o poder descentralizado" foi publicado originalmente em *The Globe and Mail* em 27 de setembro de 2000.

"Toronto: Militância antipobreza e debate da violência" foi publicado originalmente em *The Globe and Mail* em 21 de junho de 2000.

II / CERCAS NA DEMOCRACIA

Comércio e compromisso

"A Área de Livre Comércio das Américas" foi publicado originalmente em *The Globe and Mail* em 28 de março de 2001.

"FMI, vá para o inferno" foi publicado originalmente em *The Globe and Mail* em 16 de março de 2002.

"Não há lugar para a democracia local" foi publicado originalmente em *The Globe and Mail* em 28 de fevereiro de 2001.

"A guerra nos sindicatos" foi publicado originalmente em *The Globe and Mail* em 17 de janeiro de 2001.

"O histórico do Nafta" foi publicado originalmente em *The Globe and Mail* em 18 de abril de 2001.

"Pós-escrito depois de 11 de setembro" foi publicado originalmente em *The Globe and Mail* em 12 de dezembro de 2001.

"Cercas mais altas na fronteira" foi publicado originalmente em *The Globe and Mail* em 22 de novembro de 2000.

O mercado engole o bem comum

"Arroz geneticamente modificado" foi publicado originalmente em *The Globe and Mail* em 2 de agosto de 2000.

"Poluição genética" foi publicado originalmente em *The Globe and Mail* em 20 de junho de 2001.

"Cordeiros sacrificiais com febre aftosa" foi publicado originalmente em *The Globe and Mail* em 7 de março de 2001.

"A Internet como reunião de Tupperware" foi publicado originalmente em *The Globe and Mail* em 8 de novembro de 2000.

"Cooptando a dissidência" foi publicado originalmente em *The Globe and Mail* em 31 de maio de 2001.

"Apartheid econômico na África do Sul" foi publicado originalmente em *The Globe and Mail* em 21 de novembro de 2001.

"Uma política destrutiva em Ontário" foi publicado originalmente em *The Globe and Mail* em 14 de junho de 2000.

"A Frente mais fraca da América" foi publicado originalmente em *The Globe and Mail* em 26 de outubro de 2001.

III / CERCAS NO MOVIMENTO: CRIMINALIZANDO A DISSIDÊNCIA

"Policiamento interfronteiras" foi publicado originalmente em *The Globe and Mail* em 31 de maio de 2000.

"Prisão preventiva" foi publicado originalmente em *The Globe and Mail* em 7 de junho de 2000.

"Vigilância" foi publicado originalmente em *The Globe and Mail* em 30 de agosto de 2000.

"Tráfico do medo" foi publicado originalmente em *The Globe and Mail* em 21 de março de 2001.

"Infiltração" foi publicado originalmente em *The Globe and Mail* em 21 de abril de 2001.

"Lançamento indiscriminado de gás lacrimogêneo" foi publicado originalmente em *The Globe and Mail* em 25 de abril de 2001.

"Fabricando ameaças" foi publicado originalmente em *The Globe and Mail* em 5 de setembro de 2001.

"Aderindo ao espetáculo" foi publicado originalmente em *The Globe and Mail* em 2 de maio de 2001.

IV / TIRANDO PROVEITO DO TERROR

"Os novos oportunistas" foi publicado originalmente em *The Globe and Mail* em 3 de outubro de 2001.

"Capitalistas camicases" foi publicado originalmente em *The Globe and Mail* em 7 de novembro de 2001.

"O apavorante retorno dos grandes homens" foi publicado originalmente em *The Globe and Mail* em 19 de dezembro de 2001.

"A América não é um hambúrguer" foi publicado originalmente em *The Los Angeles Times* em 10 de março de 2002.

V / JANELAS PARA A DEMOCRACIA

"Democratizando o movimento" foi publicado originalmente em *The Nation* em 19 de março de 2001.

"Rebelião em Chiapas" foi publicado originalmente em *The Guardian* em 3 de março de 2001.

"Os Centros Sociais da Itália" foi publicado originalmente em *The Globe and Mail* em 7 de junho de 2001.

"Os limites dos partidos políticos" foi publicado originalmente em *The Globe and Mail* em 20 de dezembro de 2000.

"Dos símbolos à essência" foi publicado originalmente em *The Nation* em 22 de outubro de 2001.

Índice

Este livro foi composto nas tipologias Rotis e Helvetica Neue Condensed,
e impresso em papel off-set 75g/m²
no Sistema Cameron da Divisão Gráfica da Distribuidora Record